新潮新書

降籏 学
FURIHATA Manabu

草野球をとことん楽しむ

235

新潮社

プレーボール

私はマスクを被っている。

2アウト、ランナー一塁の場面だ。一塁走者は、5点もリードしているくせに、二塁を落とす気まんまんで、さっきから大きく離塁してはピッチャーを牽制している。ここは刺さなければならない。

当然、私はアウトコースにウエストボールを要求し、中腰に構える。そして、ピッチャーにはマスク越しのアイコンタクト。クイックだよ、クイック。

モーションにあわせ、ランナーがスタートを切る。私は捕球と同時にセカンド送球の構えに入ろうとするが、そんなときにかぎってボールは真ん中高めのややアウトコース気味に入ってきたりする。

バッターも心得たものだ。きっちりと押っつけてくる。だが、打ち損じてくれたらしく、打球はライト方向へ上がっていった。本来ならそれでチェンジになるのだが、その瞬間、私は、行っちゃったなあ、と放物線を目で追う。気持ちはナインも同じだ。ピッチャーも、サードも、レフトも、半ば諦め顔で打球の行方を追っている。

ライトには、野球経験のない初心者が守っているのだ。セカンドもご同様。想像に違わず、バンザイの見本とも言うべきバンザイで、ボールは転々と後方に転がってゆく。そのあとがまたいけなかった。中継に入ったセカンドが返球をポロリとやって、慌ててサードに投げたボールが大暴投。一塁走者はおろか、バッターランナーまでゆうゆうホームインのおまけまでついた。このイニングも長い守りになってしまった。やれやれというナインの心の呟きが聞こえてきそうだ。

背後から、審判がぼそりと呟いた。

「こういうことを言っちゃ何だが、セカンドとライト変えたらどうかね」

審判が言うのもわからないではないのだ。何故なら、右方向に飛んだ打球は全てヒットになってしまうからだ。イージーゴロはもとより、一、二塁間を抜いた打球はライトの股間をくぐってフェンスまで転がってゆく。それらがいずれも失点に絡むという、いかにも草野球とも言うべき場面が初回から何度も繰り返されていた。

だが、私は思う。だから何だっていうのだ。いいではないか。これが草野球なのだから。

野球にエラーはつきものとは言うが、草野球とエラーは一心同体だ。エラーあり、暴投あり、押し出しあり、これに珍プレーと大爆笑が加わって、結果的に14対12くらいのスコアで、勝ったのか負けたのかわからないような大味な試合のほうが楽しい。

もちろん、試合をするからには勝ちたいという気持ちは私にもある。だが、勝つためだけに野球をやっているかと言えば、答えはNOだ。強いチームをつくることが目的ではないのだ。私はただ、野球をやりたいだけだ。プロでもノンプロでもなく学生野球でもない〝草野球〟という野球を。

ダイヤモンドに散るナインは、玉石混淆だ。誰もが目を見張るプレーをする選手もいれば、目も当てられないプレーをする選手もいる。思いもしていなかったダブルプレー成立に驚喜し、たまたまライト前に飛んだ振り遅れの打球を〝見事な流し打ち〟と自己満足に浸る野球が草野球だ。一死満塁、一打逆転のピンチに前進守備体系を敷き、サードゴロのホームゲッツーで切り抜けたりでもしようものなら、その話題だけで三時間は打ち上げが盛り上がるというものだ。

打球が飛んだらオールヒットというライトが初めてライトフライを捕球したとしよう。ベンチは間違いなくやんややんやの大喝采で彼を迎え入れるに決まっている。そうすれば、次は念願の初ヒットに意欲を燃やすはずだ。だから私たちは彼を起用し続ける。そのために何連敗したって構いやしない。大いに負けてやろうじゃないか。

負けても負けても楽しい野球なんて、草野球以外にありえない。それが草野球の草野球たる所以《ゆえん》であり、草野球にしかない醍醐味なのだ。

なかには、私が生まれる以前から続いているような老舗《しにせ》チームもあれば、ノンプロ顔負けの、信じられないほど高いレベルを誇るチームもある。毎年五十試合以上を消化する草野球狂集団も知っているし、年に一度できるかどうかという試合を楽しみにしているひとだっている。たとえ年に一度しかボールを追う機会がなくても、ユニフォームがふぞろいでも、やっているのは草野球だ。うまいも下手も、経験者も未経験者も、あなたも私も、全てひっくるめて〝草野球人〟なのである。

東京都には区が主催するリーグがあり、トーナメント大会がある。訊けば、それぞれ三部ないし四部まである区のリーグに、平均して二〇〇~二五〇のチームが加盟しているという。これを23区に置き換えてみれば、その数はゆうに四〇〇〇チームを超える計算になる。それだけで日本高野連加盟の野球部数に匹敵する数だ。

だが、私の認識では、おそらくだがリーグ未加盟のチームのほうが多いはずだ。その数をほぼ同数と見積もっても、東京23区だけで八〇〇〇以上の草野球チームが存在することになる。これを都内全域、さらには全国規模で考えたとき、チームに二十人のメンバーが所属していたら、日本の草野球人口はどうなるのだろう。

プロ野球の人気低迷なんかどこ吹く風だ。

グラウンドに行こう。

見ているだけじゃ物足りない。野球は、やっぱりやるものだ。そうは思わないか。

そして、草野球をやっているあなた。

草野球を楽しんでいますか――？

草野球をとことん楽しむ——目次

一回　遠足前の小学生？

野球の神さま

ふだんからまじめに神さまを信じたことなどないくせに、こと野球に関しては神さまがいると信じている。勝利の女神に冷笑を浴びせられたことは数え切れないほどあるにしても、〝野球の神さま〟はいると信じて疑わないのである。

たとえば七回裏の攻撃、一打サヨナラの場面で打席がまわってきたようなときだ。お膳立てしてくれたのはチームメイトだが、私は野球の神さまに感謝して打席に立つ。頭のなかでは、すでにサヨナラのランナーがホームを踏む場面すら思い描いている。今日の試合は、神さまが私のために用意されたものと思わずにはいられないのだ。

野球の基本は、投げる、打つ、走る、捕る、のわずかに四つだけだ。実にシンプルである。それでいて、他のスポーツにはない〝大胆さ〟と〝繊細さ〟を併せ持ってもいる。

まず、野球には〝ここに入れたら得点〟という枠がない。

一塁から二塁へ、そして三塁をまわってようやく生還（1点）という決めごとはあるが、点の取り方は自由であり、自由であるからこそ周到さや緻密さ、狡《ずる》さと強《したた》かさが要求される。強攻策をとる場合もあれば、犠牲バントやスクイズで点を奪うこともある。押し出しやワイルドピッチといった相手のミスで点が転がり込んでくることもあるかと思えば、せっかくためた走者を瞬時に失うというスリリングな展開さえもあり得る。

また、野球にかぎっては、点差がついても一打同点、あるいは一挙に逆転ということが許されるのである。2点ビハインドの試合、サッカーは1点ずつしか返していけないが、野球なら〝一振り〟で同点に追いつきもするし、試合をひっくり返すこともできるのである。しかも、最大3点差まで。

おまけに、扇形に設定されたフェアゾーンであれば、打球はどこまで飛ばしてもいい。フェンスの向こうに打球が消えてゆく。前の走者を追い越すとか塁を踏み忘れでもしないかぎり、何びとたりとも彼の生還を阻むことは許されないのだ。

私は、野球こそがもっとも〝戦う姿勢〟を貫いたスポーツだと思っている。何故なら、監督が選手と同じユニフォームを着用するスポーツは野球をおいて他にないからだ。高校野球でもプロ野球でも、私たちの草野球でもそれは変わらない。

テレビで観戦するかぎり、サッカーやアメリカンフットボールでは、監督は何故かパリッとしたスーツを着こなしている。Jリーグが発足したとき、あるチームの監督は専属のスタイリストを雇い入れたのだそうだ。フィールドで選手が汗まみれ泥まみれになっているとき、指揮官だけがパリッとしたスーツで戦況を見つめることを彼の競技では〝チーム一丸〟と言うらしい。

野球は特別なのだ。こんな競技は他に類がない。だから私は〝野球〟というスポーツに強く惹かれるのだと思う。我々に野球というスポーツを与え賜うた神さまに感謝せずにはいられないのだ。

野球神社

参考までに紹介すると〝野球神社〟の異名をもつ神社が埼玉県にある。正式には〝箭弓稲荷神社〟という。技術向上、芸能向上をご神徳とする神社である。そのむかし、歌舞伎で言うところの〝十八番〟を制定した七代目市川團十郎が崇敬し、境内にある樫の葉を懐にしのばせて舞台に臨んだことがきっかけで、芸事の神さまとして奉られるようになったと言われている。

そのために〝團十郎稲荷〟と呼ぶほうが一般的なのだが、箭弓と書いて〝やきゅう〟と読むことから、いつのころからか、野球がうまくなる神社としても広く知られるようにもなった。知る人ぞ知るというほどでもないが、密かに参拝するプロ野球選手がいるのも事実らしい。場所は東武東上線東松山駅から徒歩五分のところにある。

いまのチームをつくるとき、監督がわざわざ箭弓神社まで出向き、メンバー全員ぶんの〝十八番守〟を買ってきてくれた。この神社で売られているお守りだが、少しでも野球がうまくなるようにとの心遣いである。

四十歳を過ぎた私にすれば、野球がうまくなるどころか、体力の衰えや年々鈍くなる打球への反応、さらにはフェンスまで届かなくなった飛距離をいかに以前どおりに戻せるかで一杯いっぱいなのだが、それでも試合のたびにそのお守りはバッグに忍ばせている。

一打サヨナラの場面で私に打順がまわる。

ベンチからは、頼むぞ、の声が飛ぶ。

野球の神さまは、私にヒーローになれと言っている。私もはなからそのつもりだ。

だが、勝負は非情だ。年に一度あるかないかの機会に、あえなく打ち取られてしまうケースもよくある。よくあることではいけないのだが、自分が最後の打者になって試合を終えたときというのは、実に悔しい。

ヒーローになりそこねたのは、決して野球の神さまのせいではない。野球の神さまを信奉してはいても、己の未熟さを神さまのせいにしてはいけないのだ。打てなかったのは、私の技術が相手投手より劣っていたからに過ぎない。それに、状況によっては運不運もある。会心の当たりが、野手の真正面をつくとか。

ぼてぼての当たりでも三遊間を抜けばサヨナラヒットにはなる。思いきり振り遅れた打球がファーストの後ろにぽとりと落ちてもサヨナラに変わりはないのだから、勝敗は運にも左右される。野球の神さまに刃向かう気はさらさらない。だから、アンラッキーな結果に終わったとき、私はいつも思うのだ。

どうやったら、次は〝勝利の女神〟を口説き落とせるだろうかと。

チーム名の由来

チーム名には、監督やチームメイトの思い入れが込められる。

おそらくは、自分の子供につける名前と同じくらいの願いや思い入れが込められる。新潮社にある草野球チーム『F45』のように、一見、戦闘機を彷彿させておいて、実は同社が刊行する雑誌『フォーサイト』と『新潮45』をくっつけただけというわかりやすいネーミングもないわけではないが。

私はいま、ふたつの草野球チームに所属している。いずれもマスコミ関係者を中心につくられたチームだが、双方ともにネーミングには思い入れがある。

長くやっているほうのチームは〝グリーンヴィル〟という。私が三十歳になろうかというときにできたチームだから、もう十年以上続いている。スポーツマスコミを中心にしたチームだ。先輩にあたるスポーツライターを代表監督に、スポーツ紙、通信社、テレビ局の記者らが集まった。みなプロ野球の担当記者である。スポーツニュースを見ていると、たいていメンバーの誰かが選手や監督を取り囲む取材陣の輪に映っていたり、アメリカからメジャーリポートをしていたりする。ほとんどが高校野球の経験者で、なかには甲子園の土を踏んだとか六大学野球でもやったというやつもいる。マスコミ以外のメンバーもいるが、変わり種としては某球団の通訳や元韓国プロ野球選手もいたりして、野球に関する話題には事欠かない。

チーム名のグリーンヴィルには、由来がある。

往年のメジャーを代表する名選手〝シューレス〟ジョー・ジャクソンの出身地の名前なのだ。映画『フィールド・オブ・ドリームス』の舞台になった田舎町だ。野球通の方にはあらためて説明するまでもないが、ジョー・ジャクソンという選手は、八百長に関わったという汚名を着せられて、メジャーリーグを永久追放された選手である。

ジョー・ジャクソンは失意のうちに故郷に戻ったが、メジャー復帰を願う彼は、変名してマイナーリーグから挑戦しなおしたという逸話が残っている。彼には野球しかなかったのだ。言葉を換えるならば、それほどまでに野球を愛していたということでもある。

このチームを設立したとき、メンバーは大半が30代にさしかかろうという年代だった。野球が好きだからスポーツライターになった者、野球が好きだからスポーツ紙の記者になった者――、とにかく野球に関わる仕事をしている者たちばかりだった。週刊誌で事件記者をしていた私を除いては。

私たちは、名声を捨ててまで野球に打ち込むジョー・ジャクソンに敬意を表し、ジョー・ジャクソンのような〝野球ばか〟でいたいと願った。グリーンヴィルは彼の故郷である。〝彼が最後に帰ったホームタウンのようなチームをつくろう〟を合い言葉に、このチームは生まれた。あと何年、草野球を続けられるかわからないが、グリーンヴィルは私たちの故郷なのだという溢れるほどの思いが込められている。

だから、このチームとチーム名はメンバーの誰もが大切にしている。ただひとつ、とても残念なのは、この素晴らしいチーム名を提案したのが私でなかったことだけだ。

私はもう一チーム、かけ持ちで所属しているが、こちらもメンバーの大半はマスコミ関係者になる。グリーンヴィルと違うのは、主に事件を扱う記者が多いということだ。新聞記者であれば司法担当とか検察庁詰め、所属は政治部や社会部といった感じだ。企業の不祥事や社会の不正を暴きながら、草野球に興じる面々である。発起人（監督）は、私が駆け出し記者だったころからの大先輩になる。年齢は私より二まわりほど上になり、とうに還暦は過ぎたのだが、とても六十歳過ぎとは思えないくらい勢いのあるストレートを投げる化け物のようなピッチャーだ。もう二十年もバッテリーを組んでいる。

チームをつくったそもそものきっかけは、監督が不意に呟いた一言にある。

これまでに何チームかを一緒に渡り歩いてきたが、最後に自分のチームを持ちたいと彼は言った。還暦を翌年にひかえた年の秋口のことだった。ならば、ということで、私はむろんだが、彼の薫陶を受けたジャーナリストが一堂に集った。それも、一気に三十人以上もの野球ばかが。監督の、最後の花道を飾ってやりたい一心からだった。

チーム名は〝集治監〟という。

この耳馴れない言葉は、戦前に使われた〝監獄〟の意味だ。現代で言うところの刑務所である。マスコミなんぞにいて、やれ殺しだ、収賄だ、横領だのと悪人どもを追いかけていると、知らず知らずのうちに厭世的になり、人間不信にも陥る。汚れっちまった悲しみを嘆いているやつは集治監に来い。俺が矯正してやる。野球をやりながら荒《すさ》んだ気持ちを癒そうじゃないか――、という監督なりの思いやりが込められている、らしい。

グリーンヴィルにしろ、集治監にしろ、どちらもチーム名には思い入れがある。これから野球チームをつくろうというひとは、野球への思いをチーム名に込めたほうがいい。試合の際、審判に、クリーンビルというのはビル清掃会社のチームですか、と訊かれたって構わない。集治監を痴漢の集まりと思われるのは困るけれど。

ゲンかつぎ

ゲンという言葉は、漢字で〝験〟と書く。効き目、縁起という意味である。と考えると、ゲンかつぎは案外と神信心に近いのかもしれない。

プロ野球の世界でもゲンをかつぐひとは多いと聞く。たとえば、アンダーストッキングは必ず左足から履くとか、絶対に白線を踏まないとか。好調を維持したいという願望が、ゲンかつぎにつながるのだろう。監督時代の長嶋茂雄さんは、試合に勝つと、チームの連勝が止まるまで同じ道順で球場入りを続けたという話を聞いたことがある。結果を求めるプロの世界だからこそのゲンかつぎだが、見渡せば、草野球でもゲンをかつぐひとは多い。

私の友人にも、妙なゲンをかついでいるやつがいる。彼はスポーツ新聞社の記者をしていて、硬式野球の経験者でもある。ポジションはピッチャー。なかなかいい球を投げる。ずいぶんとむかしの話だが、彼と飲んだときのことだ。何の前触れもなく、彼はいきなり切り出した。原稿を書く前に、セックスをするかと訊くのだ。

「しないよ。そんな余裕あるわけないじゃん」

当たり前のように私は応えた。

「ですよね、わかります。でも、仕事の前にセックスだけはしないほうがいいですよ」

一瞬、彼が冗談でも言おうとしているのかと思ったが、ふだんから冗談を言うような男ではない。そのときも彼は真顔だった。そして彼は、真顔でこう続けるのだ。

曰く、精液は生命の源でもあるから、タンパク質をはじめ、生命活動に必要なエネルギーが凝縮されている。それを無意味に放出すると、原稿を書くにあたり不可欠なアイディア、表現力、文章力、構成力云々が損なわれるのだ、と。

「野球も同じですよ。だから、ぼくは試合の前日は絶対にセックスしないんです」

「しちゃうと、どうなるわけ？」

「それがですね、ポカスカ打たれるんですよ。全くいいとこなし」

「たまたまだったんじゃないの？　コンディションがいまひとつだったとか、思いのほか相手チームが強かったとか」

彼は激しく首を振る。あくまで真顔だ。

「違います、たまたまなんかじゃありません。ちゃんとデータもあるんですよ」

草野球をやっていると、年に何度か対戦する〝お馴染みさん〟チームができる。そのお馴染みさんチームで試してみたところ――、つまり、試合前夜に細君（彼は当時すでに結婚していた）と夫婦の営みを交わしたときと、そうでないときとでは、ものの見事に結果が違ったのだという。

だから、試合前夜はセックスしないほうがいいと強く奨められた。絶体絶命のピンチ、打者を三振に打ち取らなければならないようなとき、ここ一番で投げる渾身のストレートの威力がそれで違ってくる。その威力を保つため、生命の源はとっておけ、と彼は言うのである。

医学的根拠は別にして、これは彼が密かにデータを取って確信した〝験〟である。いまもって彼がこのゲンをかついでいることは言うまでもない。だから、彼が登板して火だるまになったときは、昨夜《ゆうべ》は夫婦で愛しあったんだな、と思うことにしている。

だが、他人さまの妙なゲンかつぎを笑ってばかりもいられない。私もいくつかゲンをかついでいる。

ひとつは、試合でヒットを打ったとき、バッティンググラブを洗わないことだ。二安打なんぞ放とうものなら、あるいは私のヒットでチームが勝ったともなれば、絶対に洗わない。汚れを洗い流すことによって〝運〟まで洗い流してしまうような気がするからだ。できるものならば、ユニフォームはおろか、アンダーシャツからアンダーストッキング、試合で使ったタオルに至るまで、いっさいを洗いたくないとさえ思う。さすがにそれは不衛生なのでできないが。

試合を終えて帰宅すると、私は温《ぬる》めの風呂に一時間ほどをかけてゆっくり浸かる。殊勲打を放ったときは、会心の当たりの余韻にも浸るが、若いころと違って、翌日（もしくは翌々日）に筋肉痛を起こさないための入念なマッサージが必要なのだ。

　ところが、試合で二安打したようなときにかぎって、風呂から出てみると〝ゲンのいい〟バッティンググラブがユニフォームと一緒にベランダで干されていたりする。私としてはユニフォームと分けておいたつもりだし、決して洗ってはならないものだったのだが、家内には〝汚れもの〟にしか見えなかったらしい。

　一度、それで家内を叱ったら（こんなことで叱るのも大人気《おとなげ》ないと言うなかれ）、だったらこれからは自分で洗濯すれば、と切り返されたので、以来、試合を終えて帰ったときには、洗っていいものと決して洗ってはいけないものとをしっかり分けるようにしている。ゲンをかつぐためには、女房の教育も必要なのだ。今日は全部洗っていいのね、と念を押されるのは非常にシャクだが。

　もうひとつ。これはゲンかつぎというより、どちらかというと儀式に近いかもしれないが、年末の大掃除にあわせ、全ての用具を手入れすることも私の〝ゲンかつぎ〟になっている。

　愛用のバットは丁寧に汚れを拭き取る。グラブにはワックスをかける。以前は試合ごとにワックスをかけていたが、黒いグラブを使っていたとき、ワックスのつけ過ぎで試合中にボールがどんどん黒ずんでしまい審判に怒られたことがあったので、手入れは年末だけにし、グラブの解体もやめた。一度ばらばらにしてみたら元に戻せなくなって大変なことになったからである。スパイクも磨く。私はポイント式のスパイクが苦手で、いまでも金具のスパイクを履いている。その金具を全部はずし、使い古しの歯ブラシでこびりついた土を丹念に落とし、靴墨を塗って磨き込む。そうやって私は、私のプレーを支えてくれた用具に感謝の意を示すのである。

私は、たとえ草野球であれ、用具を大切にすることは〝野球人の基本〟だと思っている。恩師からもそう教わってきた。グラウンドを入退場する際、帽子をとって一礼するのも、半分は習慣からではあるが、野球への感謝の気持ちからだ。

年末に用具の手入れを怠ると、翌年にケガをしてしまうのではないかという強迫観念が心のどこかにあるのだろう。骨折をはじめ、クロスプレーで十針近くも縫うようなスパイクも経験した。捻挫はしょっちゅうだ。特に捻挫は癖になる。ケガはいけない。ケガだけはいけない。自業自得とはいえ、チームメイトにも家族にも迷惑がかかる。だから、ケガのないように願をかける。

用具を大切に扱うことも、私には欠かすことのできないゲンかつぎなのだ。

試合前夜は寝付けない……

得てしてマスコミの人間というのは朝が弱いものだが、私もご多分に漏れない。夜も更けないと原稿を書けないというのは、尻に火がつかないと書かないだけの言いわけに過ぎないが、〆切がなくても午前二時、三時まで起きているのは当たり前。週に何日かは朝刊を読んでから床に入るような、きわめて不規則な生活を送っている。

にもかかわらず、翌日に試合があるというときは、日付が変わるころにはしっかり布団にくるまっている。たとえ試合開始が午後であろうと、早寝早起きを心がけるのである。相手が以前に対戦したことのあるチームならば、その試合のスコアに目を通し、気をつける打者は誰と誰かを確認した上で、である。

グリーンヴィルでは、当然のようにメンバー全員がスコアをつけられる。だから、手の空いた者がスコアをつける決まりだが、集治監ではスコアの記入はおろか、読むことのできるメンバーがほとんどいない。一度、若手を集めて〝スコアのつけ方講習会〟を開き、実戦でも試してみたところ、バッターが二人凡退しただけでチェンジになっていたり、あるいは逆に五人がアウトになってもなお攻撃が続いていたり——、というシンジラレナイ事態になったので、結局、私がスコアをつけている。打席に立つときは若手に任せるが、出塁している間のスコアに書き間違いがあるとあとの修正が面倒だから、私はすぐにベンチに戻ってくるのだ。これでチームメイトも、私の打率が低い理由を納得してくれただろう。

スコアをつける際、私は相手打者の背番号、右打ちか左打ちか、さらには特徴もスコア表の余白に書き込むようにしている。次に対戦するときの参考にするためだ。それを就寝前に見直して、相手チームの特徴や注意すべき選手を頭に叩き込むのである。取材のときもこのくらい予習復習をしっかりやればいいのにと思うくらい、チェックは入念だ。それが楽しいのだから仕方がない。

だが、ふだんの不摂生が祟るのか、早寝をしたいと思っても試合前夜はなかなか寝付くことができない。おそらくは興奮しているからだろうとは思うが、布団のなかで何度も何度も寝返りを打つ。

とりわけ、その日の夕刻から小雨が降り始めたとか、天気予報が雨模様だったりしたときは、ようやく寝入ったと思っても、ふとした物音に目を覚まし、ベランダに出ては空を見上げる始末だ。そんなことを一晩に二度も三度も繰り返してしまう。

寝不足のまま球場入りすることはあるにせよ、試合の日にかぎってはアラームが鳴り出す前に目が覚めてしまうから不思議なものだ。おまけに、昨夜のうちにバッグに詰めておいたユニフォームやベルト、アンダーストッキング、グラブを取り出しては忘れものがないかを確認し、ふだんはまともに採らない朝食までしっかり食べたりもする。メニューは、消化にいいスパゲティかうどんという念の入れようである。

それで家内にもさんざん嫌味を言われるのだが、どうやらチームメイトも同じらしい。不惑と呼ばれる歳を過ぎても試合の前夜はなかなか寝付かれず、当日は朝からそわそわ浮き浮きわくわくするものなのだ。

あなたも、でしょ？

二回　チーム愛

スコアとモチベーション

プロ野球チームが本拠地にしているスタジアムには、ドーム球場であれ屋外球場であれ必ず記者席というものがある。

私が個人的に好きなのは、千葉ロッテスタジアムの記者席だ。スタジアムそのものがまだ新しいということもあるが、ゆったりして広いのだ。段差になったグラウンド側に記者専用の机が並び、三十畳近くある後方のスペースにもテーブルが置かれ、そこで歓談したり休憩できるようになっている。試合のスコアは若手記者につけさせ、中堅、ベテランの記者は後ろのテーブルでトランプに興じていたりする。

これが西武ドーム（現グッドウィルドーム）に行くと、記者室が狭いのと机の数にかぎりがあるためか、私のような〝雑誌の人間〟は記者席に座れない。他のスタジアムもそうだが、記者席の机は、通信社、一般紙、スポーツ紙と会社別に座席が決まっていて、雑誌社用の机が置かれていることはまずない。だから、雑誌の人間が記者席を利用する場合、たいがいは空席を見つけて席につかなければならないのだ。

ときおり意地悪な記者がいて、空席を見つけた部外者（つまり私）を咎めることもある。どちらの方ですかとか、その席に座るのに許可は取ってあるのかとか何ちゃらかんちゃら。面白いもので、雑誌の人間を〝余所者扱い〟する媒体というのはどこに行っても決まっているらしい。そういうとき、私はチームメイトの名前を口にする。

「何だ、きみは三重（仮名）くんとこの記者さんか」

「あの……、うちの三重をご存知なんですか」

「ご存知ってほどでもないよ、彼が結婚するまでにつきあったガールフレンドをほとんど知ってるくらいかな」

こんなふうにあしらうと、意地悪な記者はすごすごと退散する。同年代のチームメイトはほとんどがデスククラスに出世しているので、その記者の上司だったりするからだ。私もかなり意地が悪いが、さきに意地悪をされたのは私だ。ときおりそのチームメイトから、うちの若いのをいじめるなよ、と連絡をもらうことはあるが。

雑誌の人間は最初から記者席には入れないので、西武ドームではバックネットに近い一塁側内野席のチケットを購入し、そこで試合を観戦することになる。取材に行ってチケットを買わなければならないのは西武ドームだけだが、もしスタジアムの内野席でスコアをつけている人間を見かけたら、間違いなくそれはフリーのスポーツライターか、同行した雑誌の編集者だと思っていい。

メジャーリーグの試合ではスコアをつけながら観戦するお客さんが多いらしいが、日本でそんなことをするお客さんを目にすることは滅多にない。いるとすれば、いま記したようにフリーのライターくらいで、つまりはスタジアムでスコアをつけるということはそれだけ目立つということだ。

草野球をやっていても、ときおりスコアをつけないというチームと対戦することがある。私は実にもったいないと思うのだ。スコアというのは、試合の経過を逐一記録したものだ。自分が出場した試合はもちろん、欠場した試合でもスコアを見れば試合の流れが一目でわかるようになっている。つけ方も読み方も決して難しくはない。

また、スコアをつけることによって生じるメリットも少なくない。試合の流れを読み解くことによって敗戦原因の分析もできる。チーム成績を出すことによってチームの課題も見出せる。たとえば一試合における平均失策数などがそうだ。

草野球にはエラーがつきものなので、私はエラーの数はイニング数と同じ（通算20イニング戦ってエラー数が二十個）なら上出来だと思っているが、これを一試合三個に減らそうとなればチームの方針も見えてくる。また、相手チームにはいいように走られているにもかかわらず、こちらの盗塁数が圧倒的に少ないとわかれば、機動力を活かした攻撃を試みることもできる。

投手別、打者別に個人成績を出せば、メンバーのモチベーションも変わってくるはずだ。ピッチャーであれば、一試合に与える四死球の平均や被安打数を割り出すことで、次回からの登板で何に気をつければいいかがわかる。防御率や奪三振率まで出せば、がぜんピッチングにも力がこもるに違いない。野手は3割を目標にするだろうし、チームの首位打者もわかる。そうすればメンバー間に競争意識を呼び起こすこともできるし、チーム内で競争が起これば、出塁したときは積極的に走るようにもなる。チームの盗塁王が見えてくるからだ。打点がつきそうな場面で打席に立てば、自ずと気合いも入るものと思う。年間の通算成績で、首位打者や打点王といったタイトルを出しているチームも多い。

グリーンヴィルというチームでは、納会で年間最優秀選手（MVP）を選出し、打者部門には首位打者、本塁打王、打点王、盗塁王のタイトルがあり、投手部門では最多勝、最優秀防御率賞、最多奪三振王のタイトルホルダーに記念のトロフィーや楯を授与している（専門店に頼めばトロフィーなどに名前を彫り込んでくれる）。投手成績がよくない年——、たとえば最多勝の成績が4勝6敗だったような年は〝該当選手なし〟ということもある。

私はもう何年もそういった表彰から遠ざかっている。それどころか、十月も半ばにさしかかり、今年はあと三試合もできればいいかというような時期に、年間成績を見れば2割4分ちょうど（25打数6安打）しか打ってなくて、これはいかんと思うようなことを毎年繰り返している。そして、慌てて電卓を叩くのだ。

「あと三試合。全試合に出場するとして9打席。そのうち一回はフォアボールがあるとして8打席。それで3割に乗せるには……」

少なくても四本、つまり2打席に一本は打たないといけないことに気づかされ、大いに焦ってしまうのである。

メンバーのモチベーションを高めるにはスコアをつけることがもってこいだと私は思

っているのだが、ときとして弊害をもたらすこともないわけではない。野球経験の浅い選手に見られがちなのが、何試合か消化してもヒットが出ていないような場合だ。気の弱い選手だったりすると、それがプレッシャーにもなる。本人もきついだろうが、こういうときは辛抱強く待つしかない。一本出ればベンチは大いに盛り上がり、それだけで彼はその試合のヒーローになれるのだから。

これから書くことは、私の知りうる範囲での最大の弊害だ。

その年、彼は絶好調だった。九月も後半になり、出場試合数こそ十試合前後だったが、4割5分近い打率を残していた。打率部門では、文句なしにチームの首位打者である。ところで、打率のランキングを出すには〝規定打席〟が必要になる。プロ野球であれば〈チームの試合数×3・1〉といった具合だ。

草野球の場合は七回戦でもあり、特に下位を打つ選手は一試合で3打席まわってこないケースもあることから、チームによって〈試合数×1・75〉とか〈試合数×1・5〉を規定打席数に設定することが多い。そこに達していない選手は、たとえハイアベレージをマークしていても〝規定外〟の扱いになる。

彼の場合は、充分に規定打席に達していた。それどころか、残り試合を全て欠場しても規定打席は充たす計算になった。二位で追う選手が残り試合を4割のペースで打ち続け、彼が全打席凡退すれば逆転はあったが、その時点でチームの首位打者はほぼ確定していたのである。彼もそれには気づいていた。

「このまま打たないほうが首位打者取れるのか。だったら、今季はもう来るのやめようかな」

冗談であれば一言突っ込みを入れて済む問題だが、彼は本当に残り試合の全てを欠場してしまった。欠席理由は私にもわからない。だが、首位打者のために試合を休むことをしかねない性格の持ち主ではあった。スコアは、チームやメンバーのモチベーションを高めるきっかけにはなる。だが、他方では成績にこだわるがあまり、彼のような考えに至る選手もいるのだ。結局、彼にはチームを離れてもらった。

成績にこだわらず野球そのものを楽しめばいいという考えがもちろん根底にはあって、スコアはあくまで目標を定める指針に過ぎない。かなり打ってきたように思っても、シーズン終了時には案外と率が低かったことなどざらにある。そんなときは、来季こそは、と奮起すればいいだけではないか。高打率を残しても規定打席に達していなければ、来季はもっと出場すればいいだけのことだ。スコアは嘘をつかないのである。

紅白戦の顚末

グリーンヴィルというチームは、メンバーの半数近くがスポーツ紙の記者をしている。発足当時はそのほとんどが巨人担当だった。いわゆる〝番記者〟だが、ジャイアンツの頭文字をとって、業界では〝G担〟と呼ばれている。だから、当時はG担に石を投げればチームメイトに当たるといった具合だった。

番記者は、当然のように巨人の遠征に帯同しなければならない。巨人が大阪に遠征すれば、メンバーも大半が東京を離れるのである。チームとしては非常に厄介だが、メンバーが担当する球団の試合日程にあわせて、我々も試合の予定を組んでいた。

たまたまあるとき、グラウンドを午前中から四時間利用できて、しかも出欠連絡をしたところ、二十人以上のメンバーから〝参加可〟の返事があった。当時はまだ携帯電話もなければインターネットもなく、メンバー全員にいちいち電話を入れて、留守番電話であればメッセージを残し、妻帯者であれば奥さんに伝言を伝え、一人ひとり返事を待っていた時代だった。快く伝言を伝えてくれる奥さんもいるが、言葉にはしなくてもその声音から、また野球ですか、という批難が伝わってくる奥さんもいた。なかなか大変だったのである。

対戦相手を見つけるのもまたしかり。

相手チームが用意したグラウンドで試合をしたときは、次にこちらがグラウンドを確保できたときに誘い返すという〝仁義〟は草野球に欠かせないが、スポーツ用品店で売られている『草野球チーム名鑑』を購入し、レベルが同じくらいのチームを見つけては片っ端から対戦を申し込んだものだった。暇な時間を見つけては自宅近くのグラウンドに足を運んで観戦し、力量が近いと感じたら監督さんに声をかけて連絡先を聞いたりもした。現在のようにホームページから対戦相手を見つけたり、メールで出欠席の確認ができる時代の何とありがたいことか。

そんなことはどうでもよろしい。メンバー二十人が集まることになった試合についてだ。

グラウンドも四時間使えるし、それだけの数が集まることなど滅多にないことので、監督と相談の上、その日はチームを二つに分けて9イニング制の紅白戦をやろうということになった。監督が紅軍を、私が白軍を率いて、である。

問題は、その試合前夜のことだ。

監督から電話があったのは、夜の十時も過ぎたころだったと思う。いまのうちに、明日のチーム分けをしておかないかという。私としては、最初の全体練習を見た感じでチームを分ければよいと考えていたのだが、監督は今夜のうちにオーダーを決めておきたいらしい。

あらかじめ断っておくが、この監督は非常に几帳面な性格の持ち主だ。心配性というか完璧主義の気《け》がないでもなく、ときおり几帳面の度が過ぎて、思わず〝くどい〟と言ってしまうほどの肌理細かさを要求するのである。

チーム設立当初の私はピッチャーをしていて、翌日の紅白戦に先発するつもりでいた。メンバーの力量はわかっているし、事前に敵味方がわかっていればピッチングの組み立てもイメージしやすい。なので、私もすぐに応じた。

何やかんや言って、監督に負けず劣らず、私もオーダーを考えたりチーム戦力を分析したりするのが好きなのだ。似た者どうしと言うべきか、おたくっぽいと言うべきか。野球を通してのつきあいが二十年近くにも及ぶのは、互いの〝分析好き〟に起因するものと思う。もちろん、監督はそれを専門にするスポーツライターなのだが。

まずはメンバーの一覧表を見ながら、ピッチャーを紅軍と白軍に振り分ける。次いで、キャッチャー。それからポジション別にメンバーを紅白に分けていった。

「こんなもんでどうですかね。戦力的にはバランスがとれてると思うけど」

「そうだなぁ……、でも、そっちはお前さんが先発なんだろ。そうすると、こっちにもう一枚バッターが欲しいなあ」

少し自慢めいた話をすると、そのときの私は絶好調の見本のような状態にあった。五、六試合に登板していたが、全ての試合で勝ち星をあげ、防御率は0・33。奪三振率は十一個台で、おまけに12イニング連続で無安打記録を更新中だった。このピッチングを高校時代にやっていれば、間違いなく甲子園に行けただろうと思うほどの出来映えだったのである。

とまれ、私は実力を誇示したいだけの嫌味な人間ではない。このような数字を残せたのも、実はと言えば監督のおかげなのだ。監督とは何度も自主トレを行なった。そのたびに球を受けてもらい、身体の開きが云々、ステップの幅が云々、腕の振りが云々、変化球のときのリリースポイントが云々と、それはそれは〝くどい〟ほどにフォームを見てもらった。平素より、仕事でプロの選手を見ているひとなのである。野球を〝見る目〟においては、私が逆立ちしても敵う相手ではない。

さて、紅白戦のメンバー分けの続きである。実名を出すと差し障りの出るメンバーもいるようなので、ここからは仮名を使う。

「悪いんだけど、森本をこっちにもらってもいいかな。あいつに一番を打たせると、オーダー組みやすいし」

「いいけど、そうするとうちで外野できるのがいなくなるよ。福留と交換する？」

「うちの三番を出すわけにはいかんよ、こっちはバッターが欲しいんだから」

「じゃあ、松中。あいつだったら外野もできるし。小笠原をファーストにまわせばいいでしょ」

「だからさ、クリーンアップは出せないって」

「でも、両チームの人員を見てみると、こっちは左打ちがひとりもいないよ。これってやっぱりバランス悪いんじゃないかなあ」

選手をひとり入れ換えると白軍の機動力が弱くなる。では違う選手を入れ換えて総力を測ると、今度は圧倒的に紅軍の攻撃力が勝っているように思える。だったらこの選手ではどうかとやってみると、やっぱり白軍の内野陣が手薄になる。いっそのこと2対1でトレードしてみようか——、おばかさんたちがこんなやり取りを交わしているうちに、いつの間にか日付が変わっている。

それでもようやく、これなら戦力も均衡だろうという振り分けができたのは、午前二時も過ぎたころだ。これでやめておけばいいのに、監督が余計な一言を言う。

「参考までに訊くけど、お前さん、どういうオーダー組む？」

「そうですねぇ、このメンバーだったら……」

ここでやめておけばいいのに、ついつい私も乗ってしまう。

そして、あぁでもない、こうでもないとお互いのオーダーにちょっかいを出したり、いちゃもんをつけながら、おばかさんたちの夜は更けてゆく。

「ところでさ、降籏。いま、すごいことに気づいたんだけど」

「何すか？　オーダーも決めたことだし、いまさらメンバーの交換には応じませんよ」

「違うよ。もう六時なんだ」

グラウンドの使用開始時間は午前八時である。かくして、おばかさんたちは徹夜明けで紅白戦に臨むのであった。

新聞発行

最近ではホームページを立ち上げて自軍を紹介しているチームが多い。

ホームページはグリーンヴィルも持っているし、知り合いのチームもやっているのでときどき覗くが、写真入りで試合結果を伝えたり、通算成績、メンバーのプロフィールを載せたりと皆さんなかなか凝っていらっしゃる。対戦相手を募集する掲示板もあって、助かることこのうえない。

集治監というチームはホームページこそ持っていないが、新聞を作成している。驚くなかれ、両面印刷（実際はコピーだが）の手作り新聞である。スコアは毎試合つけていたので個人記録は出していたが、欠場したメンバーのために試合経過を記事ふうにまとめて配ったのがきっかけだった。

手作りだから、新聞は〝切り貼り〟である。大見出し、小見出し、リード——、要するにタイトルと章のはじまりの小タイトルと記事の概要を書いた前文のQ数（文字の大きさ）を変え、それらをいちいち台紙に貼り付ける。記事は記事で文字数をぴったり調整したものを刷り出して、やはり台紙に貼り付ける。個人成績を載せた一覧表も同様だ。

チーム専属のカメラマンもいるので、写真もついている。監督の次に年輩のメンバーが経営する小料理屋の常連さんで、すでに定年されて悠々自適の生活を送っておられる。

写真が趣味なので、毎試合駆けつけてチームの写真を撮ってくれるのだ。

彼の年代にしては野球を全く知らないという珍しい方で、だからこそ初めのうちは私たちがはらはらするようなことをしょっちゅうしでかした。いいアングルで収めたいからと言って、試合中にもかかわらずグラウンドに入り込み、バッターの数メートル手前でしゃがみ込んでカメラを構えたりもした。当然、審判に叱られた。相手チームにも怒られた。だが、本人は何がいけないのかわからない。私たちは苦笑するしかなかった。

その代わり、いい写真を撮ってくれる。最近はコーチャーズボックスから撮るのでランナーコーチがふたりいるようで紛らわしいが、空振りをした写真も、打ち損じの写真も、まさにジャストミートの瞬間もプロ顔負けのタイミングで捉えている。そのなかの一枚を選び、バランスよくトリミングして一面に大きく貼り付ける。選ばれるのは、殊勲打を放ったとか、ナイスピッチングをしたメンバーの写真だ。

編集ソフトを使えば簡単にできることはわかっているが、私たちはあえて手作りで新聞をつくるのである。タイトルと全体のレイアウトを監督が考え、個人成績の集計と記事全般は私が書くという二人三脚だ。監督が凝り性というのもあるが、楽しいのだ。それに、ノスタルジックな思いにも駆られる。

「学生運動華やかなりしころのガリ版刷りを思い出すよ。むかしはこうだったんだ、サイズを計って写真を貼り付けて……、週刊誌だってみんな切り貼りだったしな」

監督はよくこんなことを言う。現代のようにマウスをクリックするだけで編集作業ができる簡便さは微塵もないが、手作りには手作りの味と愛着があり、一度この味を覚えてしまうと病みつきになるような面白さがある。単にアナクロなだけだと言われてしまえばそれまでだが、手が込んでいるぶん出来映えはかなりいい。内容はもっといい。当たり前だ、文章で飯を食っている人間が記事を書いているのだから。

ところが、楽しい反面、手作りだけに新聞の作成には案外と手間暇がかかる。

チームの記録係を担当しているひとならわかるだろうが、個人成績を出すにしても、まずスコアを見直し、打率と出塁率を算出するためにメンバー一人ひとりの打席数と打数、ヒット、四死球、盗塁、得点を拾い上げ、誰に打点がついているかを確認する。専用のソフトを使えば簡単にできることをいちいち電卓で叩き出すのだ。計算ミスがないように何回もやる。特に自分の打率が3割に充たないときはしつこいほどに確認する。

そしてあきらめる。

投手成績も同じ要領で防御率、奪三振率、与四死球率を割り出し、それらをパソコン

毎試合後に作っている新聞。アナログな作業が楽しい。

に打ち込む。スコアテーブルをつくり、通算成績を一覧表にまとめる。試合のたびにチーム内の首位打者争いの順位は変動するので、表の作成だけでゆうに二、三時間はかかってしまう。この場を借りて言っておこう。草野球を楽しむひとたちは、チームの個人成績を集計する記録担当者に感謝しなければならないことを。

記録の集計が終わったら、次は記事の執筆だ。

ここで私の仕事を説明する必要はないのだが、原稿を書くときは、たいがい文字数が指定されてくる。一行一六字で、それを二三〇行でまとめるといった具合だ。つらつら書くぶんには筆も滑らかなのだが、文字数を指定された途端、悪戦苦闘する。一四行もオーバーしているとか、文章を削りに削ってそれでもまだ四行オーバーしている、どこを削る、ここか、それともここか、と呻吟するのである。

新聞であれ週刊誌であれ、誌面にぴったりと記事がおさまっているのはライターの奮闘の結果でもあるのだ。試しに、ブログをやっておられる方は、毎回二九九〇字〜三〇〇〇字のあいだで本文を書いてごらんなさい。私たちの苦労がわかるから。

チームの新聞には勝利監督の談話や相手チームの監督コメント、ヒーローインタビューも載せている。実際にコメントを取ったり、打ち上げでの発言をそのままいただくのだが、試合でミスをしたとか、いじられ役のコメントはこちらで面白おかしくつくってしまう。デッチあげである。捏造《ねつぞう》である。ふだんは絶対にやってはならないことだから、こんなときでないと楽しめないのである。

手作りとはいえ両面に記事が載る。写真をふんだんに使っても記事の分量はかなりのものになる。楽しいことは楽しいが、毎号が徹夜の作業だ。仕事が混んで二試合分を一号にまとめることはあるが、チームが年に二十試合戦えば基本的に新聞も二十号は発行する。

家内にも呆れられながら、こんなことをもう何年も続けている。おそらく、単行本の一冊くらいは書けるだけの時間を新聞作成に費やしているはずだが、それは考えないことにしている。原稿料だっていらない。楽しいからやっているのだ。

だが、たったひとつだけ残念なことがある。

新聞をつくっている手前、サヨナラヒットでも打たないかぎり、私が一面を飾ることはまずないという点だ。完敗した試合で私ひとりが気を吐き三安打を放ったとしても、一面は私ではない。それが黒子のつらいところだが、一面はチームメイトのものだ。試合ごとにヒーローを見つけるのが私の仕事なのだ。チーム愛である。

ある号で、一面に載せたメンバーが、できればもう二、三部もらえないかと言ってきたとき、私は報われたと思った。そして、次も活躍してくれと思わずにはいられなかった。そうすれば、また彼が一面に載る。部数はメンバーの数しかないが、徹夜をしてつくった甲斐もあるというものだ。

チームメイトが喜んでくれれば、それでいいのだ。だから私は黒子に徹する。その代わり、私が一面を飾るようなことがあれば、そのときはすごいことになるぞ。

家族サービス

集治監の監督は、チームのエースでもある。

還暦を過ぎているにもかかわらず、とてもいい球を投げる。その球を受けている私は、不惑と呼ばれる年になってもなお惑い、監督に教わることが多い。人生について、ではない。草野球とは何か、についてである。

勝利至上主義だけが野球じゃないと教えてくれたのも監督だった。以前は監督が組むオーダーを見て、勝つ気がないのかしらん、と首を傾げることも度々だったのだが、いまでは監督の意図するところが手に取るようにわかるようになった。

草野球はこうでなくちゃと思えるような一例が、家族を大事にするメンバーを大事にする、ということである。監督は、グラウンドに家族やガールフレンドを連れてきたメンバーには、無条件で一番か四番を打たせるのである。ふだんは何番を打っていようが、これだけは変わらない。

とりわけメンバーの子供が小学生くらいのお嬢さんだったりすると、監督は四番という打順がいかにすごいものかを（ややオーバーに）教え、パパに花を持たせてやることも忘れない。たいがいお嬢さんというのは途中で試合に飽き、気がつくと外野のファールエリアで野草などを摘んでいるのだが。

連れてきた子供が男の子だと、親子で一、二番を打たせたりもする。お父さんを指名打者に、子供には守備にもついてもらう。一度などはメンバーが連れてきたガールフレンドを打席に立たせ、そのときは試合がはじまってから彼女にも打たせようということになったので、打順こそ十番だったが、チームの初安打が彼女だったというようなこともあった。

こういうことを続けていくと、次々とメンバーの家族がグラウンドを訪れる。

それだけでベンチは花が咲いたようになり、チームも勢いづく。家族やガールフレンドにいいところを見せたいと思えばモチベーションもあがる。当然、試合後の打ち上げも盛り上がる。子供やミニスカート姿のガールフレンドを打席に立たせても許してくれる対戦チームがあることもありがたいが、草野球には試合に勝つことより大事なものがあるのだ。

集治監には、私の他にもキャッチャーができる人間がいる。メンバーが奥さんかガールフレンドを連れてきたときは、私も無理にマスクはかぶらない。試合のスコアをつけながら、その奥さんなりガールフレンドを上座に呼んで、彼がいかにいい選手かを（ややオーバーに）語ったり、ふたりの馴れ初めやプロポーズの言葉を聞き出して打ち上げ用のネタを仕込む。自慢じゃないが、口を割らせるのは野球に次いでうまいのだ。

前にいたチームで登板したとき、ふと見たベンチにはスコアラーとメンバーのガールフレンドのふたりしかいなくて、しかもそのふたりがベンチの端と端に離れて座っていた。スコアラーが非常にシャイな性格だったというのはあるが、せっかく応援に来てくれたのにこれではいけないと思っていたのだ。

それ以来、私はできるだけメンバーの家族とも親しくしようと心がけている。うまい具合に、集治監の監督はたいへんな子供好きなので、子供の相手は監督に任せ、私はメンバーが連れてきた奥さんやガールフレンドのお相手をするという振り分けもできている。なかには家族ぐるみでつきあえるようになったメンバーもいて、家族どうしで一緒に出かけたりすることもある。野球はやっぱり〝ホーム〟が要だ。

集治監というチームは、監督がよく行くカラオケスナックのママまで年に何度かは、綺麗どころを引き連れて応援に来てくれるほどアットホームなのだが、グリーンヴィルというチームはどういうわけか家族やガールフレンドを連れてくるメンバーがほとんどいない。だから、対戦チームのベンチに女性が多かったり華やかだったりすると、それだけで負けたような気になってしまうのだ。

グラウンドに連れてくるガールフレンドもいないのか、とメンバーに面と向かって訊くのは怖いのでやめておくが、私より年上の監督自らがまだ独身で、チームメイトもそれに従っているらしい。チームの平均年齢もそろそろ三十代の後半にさしかかろうとしているというのに。

以下は、現在は東京を離れているメンバーがお子さんふたりを連れて来たときの話だ。

彼は子供の手を引き、もうひとりは乳母車に乗せてグラウンドに現れた。上の子が三歳、下の子はまだ一歳にも満たなかった。その試合、彼からは欠席の連絡を受けていたので不意の参加に驚いたが、訊けば、家で子供の面倒をみるのもグラウンドに連れてくるのも同じだと判断し、居ても立ってもいられなくなって駆けつけたのだという。奥さんが所用で外出したらしく、彼は子供の世話をする約束だったらしい。野球ばかなのである。

彼はチームの主砲だった。監督はいつものように彼を四番に据えたが、指名打者での出場にした。子供の世話があるからである。試合中、何やら香《かぐわ》しい匂いが漂ってきたので振り返ると、二列あるベンチの奥で彼がおしめを替えている。なかなかに手際がよい。チームの主砲も家ではよきパパであるらしい。上の子もお利口さんにしている。

その試合、私たちは相手チームに2点のリードを許していた。最終回は彼からはじまる打順だった。ベンチで見守っていた上の子が叫んだのは、相手投手の投球練習が終わり、彼がネクストバッターズサークルを出ようかというときだ。

「パパ、おしっこ」

上の子は、最近ようやくおしめが取れたばかりとのことだった。

タイムを要求すると、彼は子供を抱きかかえるようにクラブハウスにあるトイレに走った。いまにして思えば、緊急事態なのだからダッグアウトの裏で用を済ませてもよかったのだが、そのときは誰の頭にも〝漏らさずにトイレへ連れていく〟という考えしかなかった。当時はチームメイトのほとんどが独身で、子供のいるメンバーのほうが少なかった。このハプニングに、ベンチはただおろおろするばかりだったのである。

事の起こりを見ていた審判も、苦笑まじりに、どうするね、と訊いてくる。彼の戻りを待ってもよかったが、グラウンドには時間制限がある。しかも最終回だ。相手チームと監督が談判し、彼は戻り次第、打席に立つことになった。

彼を飛ばしてその回の先頭打者になった五番がヒットで出塁すると、すかさず盗塁を決め、続く六番が四球を選ぶ。七番バッターもセカンドランナーを牽制して広めに空いた三遊間を破るヒット。これでセカンドランナーが生還してまず1点。しかも、無死一、三塁とチャンスを拡げ、一打出ればサヨナラの場面を演出した。下位打線を迎えるが、流れはグリーンヴィルに傾いていた。

続く八番のショートゴロの間に三塁ランナーが戻り、これで同点。チームの負けはもうない。あとは押すだけだ。ラストバッターは打ち取られたが、2アウトながらサヨナラのランナーがセカンドに残っていた。ここで打順はトップに戻る。

彼がオシッコタイムを終えたのは、まさにそんなときだった。それに気づいた監督が、走れ、と叫ぶ。急いでグラウンドに戻ろうとする彼の後ろを、子供が一生懸命に走って追いかけていた。

「すいません、すいません」

相手チームと審判と、私たちのベンチに何度も頭を下げながら彼はバッターボックスに入った。そして、その初球を叩く。打球は、ピッチャーが差し出すグラブの横をかすめるかのように綺麗なライナーでセンター前に運ばれた。セカンドランナーが一気にホームをおとしいれ、チームはサヨナラ勝ちを飾ったのである。

試合後、相手チームの監督さんが悔しそうに言った。何度か対戦しているが、力の差がほとんどなく、毎試合1点を争うゲームをしてきたチームだった。

「やられたなあ、今日こそはいけると思ったのに。ああいうの、ありかな」

「いいじゃないですか、草野球なんだから」

まさに草野球だ。上の子のオシッコタイムがあったから、彼はサヨナラの場面で打席に立つことができたのだから。

彼が打順どおり打っていたら、試合の流れはどうなっていたかわからない。彼が試合を欠場して、自宅で子供の面倒をみていたら、それこそ結果はわからない。相手チームには迷惑千万な話だったかもしれないが、やはり野球の神さまはいるのだ。家族サービスはしておくものだ。家族の理解あってこその草野球なのである。

キャッチャーは威張っているやつに

グリーンヴィルには、入団して初めて野球をやったというメンバーがいる。

私と同い年で、入団してきたときはすでに三十歳を過ぎていた。ほとんどボールを握ったこともないという自己紹介に嘘はなく、ルールもよく知らず、最初はとても下手だった。

そんな彼がなぜ入団してきたかというと、彼にはたいへん失礼だが、メンバーの転勤が相次いだために常時出場できるメンバーが必要になったからだ。そこで経験の有無を問わず、有無を言わせず監督が引っ張ってきたのが彼だった。彼は、監督と同じ大学の二年後輩であった。学生時代の先輩には一生逆らえないという典型なのだ。

入団当初、彼にはセカンドを守らせた。監督もマンツーマンで彼に野球を教えた。しかし、ボールのほうから飛び込んできてくれないかぎり、ボールがグラブに収まることがないようなプレーが続いた。また、素振りというのはネクストバッターズサークルでするものだが、彼は打席に入ってからもきっちり三回素振りをしてベンチに戻ってくるような選手だった。

思案の末、監督は驚くべきコンバートを試みた。キャッチャーを命じたのである。私は猛反対した。そのころ私はピッチャーをしていて、場数を踏ませるために彼を起用するとなれば、私は彼とバッテリーを組まなくてはならないからである。彼を相手にピッチング練習をしたことがあったが、変化球を五球投げれば八球は後方に逸らすようなキャッチャーだけはご勘弁願いたいと訴えたのである。

「そうは言わずに頼むよ、ボールを怖がらないようになる練習だと思ってさ。それに、新人キャッチャーはベテランピッチャーが育てるものだぜ」

監督はそんなふうに私をたしなめた。

ちょうど、当時の福岡ダイエーホークスに城島健司（現シアトルマリナーズ）が入団し、西武ライオンズから工藤公康（現横浜ベイスターズ）が移籍した時期でもあった。お前ならできるとおだてられ、私もついその気になった。

それが、およそ十年前のことだ。いまや彼はグリーンヴィルでは押しも押されもせぬ正捕手に成長した。かつては塁間を投げるのすら大遠投だった彼は、二盗のランナーを刺すまでになり、ツボにはまれば打球を楽々とスタンドに運ぶまでになった。ホームランが出なかった年は悔しがるほどだ。

繰り返すが、彼はチームに入るまで、ほとんど野球経験がなかったのである。何がこうも彼を変えたか？　彼はすさまじいほどの努力のひとだったのだ。

体力づくりのために週に三日のジム通いを始め、毎日の素振りと腕立て伏せは欠かさず、バッティングセンターにミット持参で出かけ、打たずにボールを受けていた。クソがつくほど真面目なやつで、思わず、あのな、人生は野球だけじゃないぞと言いたくなるほどだった。野球に打ち込み過ぎたことが原因かどうかはわからないが、彼はいまだに独身なのである。

正直言って、彼がこれほど上手くなるとは思ってもいなかった。もしかしたら、キャッチングは私より上手いかもしれない。根が真面目なだけに基本にも忠実で、ショートバウンドは身体ごと止めに行く。スコアリングポジションにランナーがいないかぎり、私はそんなことはしない。疲れるからだ。どんなに熱い真夏日の試合でも、彼の怠慢プレーを私は見たことがない。

この十年間、ほとんど筋トレを欠かさなかった彼の体型はほとんど変わらず、むしろ筋肉質になった。この十年間、まともに走り込みすらしてこなかった私の胴まわりはやけに立派になった。私がフルイニングでマスクをかぶれば、翌日は筋肉痛で間違いなくグロッキーだが、彼は土日連続でマスクをかぶってもケロリとしている。同い年だというのに。

野球未経験者でも十年やれば上手くなれるという、彼は実にいい見本なのだ。ましてや、彼が野球をはじめたのは三十歳を過ぎてからということを考えれば、これから野球をはじめようというひとも、続けさえすれば絶対に上手くなれることを彼が証明している。

が、そんな彼にもどうしても越えられない壁がひとつだけ残っていた。

彼は、チームメイトを〝さん付け〟で呼ぶのである。彼とバッテリーを組んでいるとき、痛烈なファールの行方を目で追っていると、審判からボールを受け取った彼が呼ぶ。

「降簱さん、気にしない気にしない。次で勝負しましょう」

「試合中に〝さん〟付けで呼ぶのはやめろ」

私は何度言ったかしれない。鋭い打球を放つバッターより、彼の〝さん付け〟のほうがよほど気になるくらいだった。だが、何度言っても彼は変わらなかった。人柄もあるのだろうが、年下のメンバーでさえも彼は〝さん付け〟で呼ぶ。

その弊害が、ときおり試合で出るのだ。特に経験の浅いピッチャーをリードするときがそうだ。これは彼にかぎったことではなく、私がこれまでやってきたチームでもよくあることだった。前にいたチームでは、大学を出たばかりの若いメンバーが〝抑え〟をやっていた。硬式野球の経験者で、本職は外野だが、途轍もなく活きのいい球を投げるのでマウンドを任せていたのである。

そのチームにも、やはりチームメイトを〝さん付け〟で呼ぶようなキャッチャーがいて、彼がマスクをかぶると四球が多かったり、追い込んでおきながら決め球のカーブが決まらずにカウントを悪くして、やむなく放《ほう》った真っ直ぐをレフト前に運ばれて試合をひっくり返されるというようなケースが度々あった。

上等なストレートを持っているのにどうしてかなあと思いつつ、私が受けてみると、決め球のカーブはむろん、カウントを取りにいったカーブもきっちり決まり、審判でさえ、あの真っ直ぐをあそこに投げ込まれたらバッターは手が出せないね、と褒めちぎるようなストレートをずばりとアウトローに投げ込んでくる。

決して私のリードがいいわけではない。では何が違うかというと、威圧感なのだ。

若い選手に言わせると、私が受けると〝気を抜けない〟らしい。私は常に、活きた球を投げろという意思表示をする。だから、サインに首を振られてもしつこく同じ球種を要求し続けることもあるし、カーブが決まらず3ボールになっても、あえてカーブのサインを出すこともある。その球でストライクを取るなり三振を奪うなりしないかぎり、ピッチャーの自信につながらないからだ。高校野球やプロ野球と違って、草野球は毎日練習できるわけではない。本番のなかで技術を体得するのも草野球なのだ。

また、たまにサインの交換をしないバッテリーがいる。否定はしないが、それではピッチャーが投げたい球しか投げないという展開になる。たとえばスコアリングポジションにランナーを背負い、カウントは2－2になったとする。その日、カーブのコントロールがいまひとつと判断すれば、ピッチャーは間違いなくストレートを投げ込む。私がバッターだったら、間違いなくそのストレートを狙う。

そのへんの心理を読み解くのもキャッチャーの務めだ。ピッチャーが投げたくないと思うボールをあえて投げさせる厳しさもキャッチャーには求められる。それにはピッチャーに信頼されるのがいちばんいいが、もっとも効果的なのが〝威圧〟だ。これだけはどんなに上手くても、チームメイトを〝さん付け〟で呼ぶキャッチャーにはできない。

キャッチャーはフィールドの司令塔の役割を担っている。局面にもよるが、ピンチに1点もやらない前進守備体系をひくのか、失点を最小限に留める中間守備にするのかという、試合を左右する場面での判断も委ねられている。右と決めたら、ナイン全員に右を向かせる旗振り役でもある。さらに言うなら、敵の生還を許さない最後の砦がキャッチャーでもあるのだ。

だからこそ、そこは威張っているやつのポジションであるというのは、あくまで私の持論だ。

私は持論を実践しているに過ぎない。もともとの威張り癖もあるが、ピッチャーに活きのいい球を投げさせ、ひいてはチームを勝利に導くために、私はこれからもピッチャーを威嚇し続けるつもりだ。あいつがマスクをかぶると試合が締まると言われたいではないか。

三回　エースの条件

ピッチャー的性格

グリーンヴィルの監督はスポーツライターである。ふだんからプロ野球を取材しているため、野球を見る目は非常に肥えている。スポーツ紙の記者もそうだが、いつも〝高いレベル〟の野球を見ているのだ。技術論を語らせたら、私などが足元にも及ばないような含蓄のある言葉を吐く。

監督とのつきあいはもう二十年以上になり、一緒にプレーするようになってからも十年以上が経つ。先発オーダーの相談で夜が明けるまで話し込むような仲だし、ウマがあうと言えばあうのだが、私のわがままを受け入れてくれるような懐の深いところがあるひとなのである。ときおり私がプロ野球取材をするときには力を貸してもくれる。草野球の監督は、こういった兄貴肌の人間がやらなければならない。

尊敬もしている先輩なのだが、ひとつだけどうしても相容れないものがある。相容れないどころか、徹底的にやりあうのである。監督は、口ではわかったと言いつつも必ず反論してくるし、私は私で一歩もひかない。それが、先発ピッチャーはどんな心構えでマウンドに登るかについての議論だ。

いつこの議論がはじまったのか覚えてはいないが、おそらくチームをつくったときだろうと思う。だから、私たちはもう十年以上もこのテーマで言いあっている。議論になると半日やりあっても決着がつかないので、最近は互いに触れないようにしているが。

監督の言い分をさきに紹介すると、こんな感じになる。

先発を言い渡されたピッチャーがマウンドに登る際、まずは無四球無安打、つまりパーフェクトを目標に掲げる。絶対に打たれないという強い気持ちを持つことが大事だからだ。しかし、何イニング目かに四球でランナーを出したとする。完全試合はなくなるが、ノーヒットノーランの可能性は残る。したがって、ピッチャーは無安打試合に挑む。それでもヒットを許してしまった場合は完封を目指す。失点してしまったら次は完投を目指す。完投が厳しいときは、勝利投手の権利が得られる責任投球回数の5イニング（草野球ならば四回）は投げきる——、というものだ。

監督の話を聞いたとき、私は即座に反論した。それは違うでしょう、と。

「違わないよ、ピッチャーというのは良くも悪くも〝お山の大将〟なんだから。パーフェクトを狙うくらいの強いハートがないと駄目なんだよ」

「それはわかりますよ、ピッチャーが投げなければ試合ははじまらないわけですし」

でもね、と私も持論をぶつわけだ。以下が、私の考えだ。

先発を言い渡されたピッチャーがマウンドに登る際、まずは先取点を与えないことだけを考える。たとえ先頭バッターに3ベースを打たれようが四球で歩かせようが、ホームさえ踏ませなければいいのである。とにかくそのピッチングを、味方が点を取ってくれるまで続ける。得点が1点だった場合はやはり1点もやらないピッチングが必要だが、もし4点取ってくれたら、3点までなら打たれてもいい。5点を取ってくれたら、4点は献上してもいい。それを試合終了まで続ける――、というものだ。

「言いたいことはわかるけど、やっぱりちょっと違うなあ」

「違わないですって。ピッチャーというのは、大胆なようでいて、実は繊細な生き物なんですよ。最初からパーフェクトを狙ってたら、肩に力が入ってまともなピッチングなんてできっこないですよ」

「いや、そうともかぎらないぞ。ピッチャーというのは試合の流れを左右する立場にあるわけだし、ナインの期待を背負ってマウンドに立つわけだから……」

こんなやり取りからはじまって、白熱した議論が延々と続くのである。

もちろん、監督の言う理屈は私にも充分理解できる。なるほど、私も投げるときは完全試合を常に意識できるくらい威風堂々とマウンドに登りたいものだとは思う。監督の考えに賛同したいところは大いにあるのだが、それはプロ野球という〝高いレベル〟でやっているピッチャーにのみ言えることではなかろうか。だから私は反論するのだ。

草野球にはエラーがつきものだし、完全試合などという偉業は別次元の話だと私は思っている。心構えとしては〝あり〟でも、現実は違う。監督は、ふだんからプロの世界を見ている。それを草野球に持ち込んではいけないというのが私の考えだ。

もうひとつ私なりの考えを付記すれば、完全試合が無理ならノーヒットノーラン、それも駄目なら完封、完投というのは、試合の流れにあわせてハードルを下げていく考え方だ。高い理想をだんだん低くしていくようで、私としては性にあわないのだ。あの子にふられたからこの子、この子も駄目だったからその子、その子も脈なしだったので――、という考えに似ているが、この譬えはちょっと不適切か。

味方が5点を取ってくれたら4点までは取られていいという考え方は、最終的にリードしていればいいというものだ。必ずしも4点をくれてやる必要はなく、4点は失っても勝てるという気持ちの余裕を言っているのである。むろん1点も与えないのが何よりよろしいが、私の経験からも精神的に楽な気持ちで投げたほうが、思いのほかいいピッチングにつながるような気がする。

面白いもので、ピッチャーの心構えは端的にピッチングに表れてくるのだ。監督も以前は登板することがあり、私も何度かその球を受けた。監督のフォームはアンダースローに近いサイドハンドだが、インステップからクロスで入ってくるアウトローはお世辞抜きに、それはそれは見事だった。

決め球はアウトコースに逃げるカーブで、監督は常に三振を狙ってきた。受けていればそれはわかるのである。対する私は、三振を取りに行かざるを得ない状況を除いては、一度として三振を奪いに行ったことがない。こんなことを言うと人間性を疑われそうで怖いのだが、三振ならいつでも取れると思っていたからである。

私の決め球はスライダーだった。縦に落ちるので、審判からよく、きみはフォークを投げているのかね、と訊かれた球だった。上から投げおろす私のフォームを見て、監督が握りを教えてくれた直伝の決め球である。スライダーは多投したが、私が意識したのは三振ではなく、いかにサードゴロを打たせるか、だった。

ボール半個沈めば、たいがいのバッターは打ち損じてくれるのである。どんな変化球にも対応できる選手は必ずチームにひとりやふたりはいるものだが、スイートスポットさえはずせばピッチャーの勝ちなのだ。私としては、三振を狙うよりそのほうがよほど楽だった。

要は三振の山を築くか内野ゴロの山を築くかのどちらかだが、いずれにしたところでアウトに変わりはない。だから、結論を出すとすれば、監督の考え方も、私の考え方も、おそらくはどちらも正解なのだ。完全試合を狙ってマウンドに登るのもよし、味方が5点取ってくれたら4点は失ってもいいという考えでマウンドに登るのもよし。

山の登り方が違うだけで、答えはないのかもしれない——、と私は思うのですが、あなたはどう思いますか?

天才的なノーコン投手

強いチームに〝胸を借りたい〟ときは、タクシー会社の野球部に対戦を申し込むことをお勧めする。タクシーの運転手さんには野球好きが多いが、実際にプレーしているひとも多いのだ。三十チーム以上が参加する会社対抗のトーナメント戦もあるらしく、都内であればほとんどの会社に軟式野球部があり、おまけに専用のグラウンドまで所有しているチームもある。彼らは深夜勤務を明けた早朝に練習をしているらしい。だから、ほとんど毎日練習しているのだ。実に羨ましいかぎりだが、部員数が多いために、年齢とレベルにあわせ、シニア、レギュラー、ヤングと社内で三チームに分けているような会社もあるほどだという。

以下は、私がたまたま乗ったタクシーの運転手さんが野球好きで、話し込んでいるうちに意気投合し、対戦に至ったときの話だ。当時、私はチームの〝渉外〟担当を任されていて、対戦相手を見つけてくるのが仕事だった。お馴染みさんばかりでなく、新規開拓も重要な仕事のひとつで、取材先でも深夜帰宅のタクシーででも次の対戦相手を捜していたのである。

午後からの試合で、とにかく暑かったことだけは覚えている。野茂英雄がメジャーに挑戦し、大旋風を巻き起こした年の夏のことだった。メンバーは充分に足りるはずだったのだが、前の晩、あるプロ野球選手がメジャー挑戦をほのめかしたという情報が球界を駆けめぐっていた。シーズン途中の、ましてや優勝争いを演じている大事な時期にそういう話が出ること自体が〝ガセ〟っぽいし（実際、噂はガセだった）、そんなことはありえないとわかっていても記者は裏をとらなければならない。因果な商売なのである。

徹夜態勢で事実確認に奔走したメンバーがほとんどで、グラウンドに駆けつけたのはぎりぎり九人。どうやらガセだったらしいと早めに見切りをつけたスポーツ紙の記者ばかりで、ほかのメンバーはまだ取材に飛びまわっていた。突発的な事故や事件が起きた際のドタキャンはやむを得ないのである。

その試合は、私が先発する予定だった。ところが、集まったメンバーを見てみると、キャッチャーをできるメンバーが来ていない。まだ取材を続けているらしく、途中で駆けつけるとの連絡もない。

「誰かキャッチャーできないか」

誰からも返事はなかった。

不思議なもので、野球センスがあって、どこでも守れるのにキャッチャーだけはできないというひとがいる。このときもそうだった。幸い、大学まで硬式野球をやっていたメンバーにピッチャーの経験があったので、マスクは私がかぶることにし、急遽《きゅうきょ》彼が先発にまわることになった。

彼は、どうしていままで登板しなかったのだと思うほどに、力のある重い球を投げた。ミットにズドンと入ってくるような感じだ。軟式ボールをあれほど重く感じたのは、あのときが初めてだったように思う。しかも、私が投げる球よりはるかに速い。変化球はいまひとつだったが、ストレートだけでも充分抑えられる素晴らしいボールだった。

相手チームの先攻で試合がはじまり、彼が第一球を投じる。球威は申し分なかった。だが、わずかに高めに外れてボール。二球目、これも実にいい感じでミットに飛び込んできたが、残念ながらホームベースを通過せずにボール。三球目、これまたボール。四球目——、結局、バッターは一度もバットを振ることなく四球を選んだ。続くバッターもやはり0－3から歩かせ、無死一、二塁。

審判の判定が決して〝辛《から》い〟わけではなかった。私が審判をしていても、たぶん判定はボールだっただろう。たまらずに私はタイムを取ってマウンドに駆け寄った。

「ストライクオンリーで行こう、ランナーは気にしなくていい。この球だったら七分で投げても打たれないよ、コントロールだけ注意して」

そんな言葉をかけてキャッチャーズボックスに戻ったと思う。実際、受けていて、この球なら打たれることはないと思っていた。相手のバッターも、見逃すというよりは手が出ないようにも見えた。ただ、ボールがストライクゾーンを通過しないだけで。

「ストライク、ワンッ！」

初めて審判の右手が高々とあがったときの気持ちを、私はどう表現すればいいのか。そのストライクを取るまでに、彼はすでに2点を献上していた。まさに〝献上〟だった。相手チームのスコア表には、四球を表す『B』の文字が六人連続で並んでいるのだから。しかも、彼は相手のバッター六人に対して、一度としてバットを振らせてもいなかった。

その試合、メンバーが九人ぎりぎりだった私たちは守りのスコアが残っていない。途中、何度も私が投げようかとも思ったが、彼は頑として首を縦に振ろうとしなかった。最後まで自分の責任で投げたいという。彼にマウンドを任せた以上、本人が納得するまで投げさせてやりたいという思いもあった。それが結果として試合を長引かせることにもなってしまうのだが。

メンバーはほとんどが徹夜状態に近かったので、後半はへろへろだった。先発を予定していたので体調万全で臨んだ私ですら、暑さと長い守りで意識が朦朧《もうろう》とした。それでも私たちは若く、相手チームから9点を奪い取った。ヒット数も相手チームを上まわっていたはずだが、ダブルスコアに近い失点で試合には敗れた。5イニングをやったくらいで時間切れになったようにも思う。

とにかく暑い一日だったという記憶があるだけで、彼が与えた四球の数はむろん、押し出しで取られた点数も、どうやって最初のアウトを取ったのかも実は覚えていない。彼がファーストストライクを取るまでに25球を費やしたことを除いては。

裏門通り

過日、あるサッカー番組の解説者が、ヨーロッパのクラブチームに移籍した選手のドリブルを〝裏門街道〟と称していた。相手ディフェンダーを抜くかたちでボールを蹴り出し、ディフェンダーがそのボールに寄った背後をまわってボールに追いつくというトリッキーなプレーを言うらしい。

サッカーの世界では真似できる選手の少ない高度なテクニックのようだったが、これが野球になると逆になる。とりわけ草野球では、唖然とするような球を投げるピッチャーを〝裏門通り〟と呼んでいる。以前に所属していたチームのピッチャーが、その裏門通りの典型だった。

彼はサイドハンドだった。プロの世界でも、オーバースローからサイドスローにフォームを変えるのはおおむね制球力を高めるためだと言われている。そういう流れもあって、ふつうサイドハンドと言えばコントロールのいいピッチャーを指すものだが、彼の場合は違っていた。

何しろ四球が多い。試合経過を描写するとき、四死球を〝歩かせる〟と表現することが多いが、その言葉どおり、歩いて一塁に向かっても絶対にアウトにならないのが四死球なのである。足で稼いだヒットよりも確実なのだ。その四球を連発するということは連打を浴びるにも等しく、野手からすれば〝だれる〟ことこのうえない。

そういうピッチャーの球を受けているキャッチャーも、またつらい。守るナインの気を引き締めようにも打開策が見当たらないからだ。打たせて取るとは一口に言っても、コントロールの定まらないピッチャーには至難の業なのだ。

いちばん閉口したのは、飛びつかなければ捕れないようなボールを投じられることだった。相手のバッターが右打ちだろうと左打ちだろうと、バッターの背中を抜けるボールを投げるのである。しかも、よける必要もないクソボールを、である。

どうすればそういう球を投げられるのかが不思議でならなかったが、彼は一試合に何球かはバッターの背中越しに捕球を試みなければならないボールを投げた。それが二球続き、その間に一塁ランナーの生還を許したことさえあった。

マスクをかぶっていれば、野手からのバックホームが逸れたとか、小フライに飛び込むことはよくある。ショートバウンドを身体ごと止めるのもキャッチャーの基本だ。だが、バッター勝負のピッチングで飛び込まなければならない球を受けたのは、彼が初めてだった。

監督から彼の先発を告げられるたび、私は、今日も忙しくなるぞ、と覚悟を決めなければならなかった。ありがたいことに、そのチームを離れて以来、私はちゃんと表門を通ってくるボールしか受けていない。それが当たり前なのだが。あのチームでは、どうして彼がピッチャーをしていたのだろう。いまさらのように気づいてしまったが。

軟弱エースの伝説

そのひとの名誉のために決して名前を明かすことはできないが、私の周囲ではもはや伝説と化した〝自称エース〟がいる。

彼は、ある出版社にお勤めの編集者である。私よりいくぶんか年上だが、とてもスマートな方で、編集者としても優秀だった。おまけにハンサムで、女性にもよくおモテになるらしい。私たちがいつも野球の話（特に自慢話）ばかりしていたものだから、そのひとはおそらく、俺だって野球はうまいんだぜということを証明したかったのだろう。次の試合は彼も参加し、自慢の肩を披露してくれることになった。高校時代は名門校と呼ばれる野球部に〝一時〟在籍し、ピッチャーをしていたのだという。尻のポケットにハンカチは入れてなかったようだが。

私がまだ駆け出し記者と呼ばれていたころの話で、そのころは編集部内の野球好きが集まってチームをつくっていた。つきあいのある某企業広報部チームとの親善試合（という名のガチンコ勝負）が毎年の恒例だった。ガチンコ勝負とは言いながら、試合後の打ち上げが目的のような牧歌的な雰囲気もあって、ともに二桁得点を奪うような大味な試合が多かったが、その前の試合で私たちは大勝ちしていた。それがよほど悔しかったらしく、先方から再試合の要請があったばかりだった。その試合に、彼は「投げる」と言ったのである。

試合当日、私たちは相手チームより先に球場入りし、ウォーミングアップをはじめていた。先発予定の彼も気合い充分で、早くもブルペンでキャッチャーを座らせている。

球威はというと、名門校でピッチャーをしていたというわりにはそれほど目を見張るものでもなかったが、ストライクが入れば問題はないのだ。何しろ、ヒットの数よりエラーのほうが多い試合になるに決まっているのだから。

相手チームが現れたのは、それから間もなくだった。

と、その一群のなかに、異彩を放つ選手が四人、五人と紛れていた。広い肩幅とでかい尻。ビール腹をさするように歩く広報部長さんらとは、歩幅からして違う。彼らは、ユニフォーム姿が板についているばかりか、体格からして別格だった。そのチームは、全国大会に出場するほどではなかったが、社会人野球チームを持っていたのである。彼らは、この日のために呼ばれた助っ人だった。

「あいつら、本職じゃねえか。ずるいだろう、あれ」

すぐさまチームの代表者が抗議に行った。

だが、相手チームの代表者も、ふだんマスコミ応対をしているセクションの長だけあって、扱い方には長《た》けていたらしい。ふだんは世の中の不正を暴き、社会悪を糾弾する仕事をしているくせに、チームの代表者はいいように言い含められてベンチに戻ってきた。とりあえず、助っ人には〝投げさせない〟という誓約だけは取りつけてきたが。

相手チームのウォーミングアップがはじまった。かと思うと、いきなりカキンカキンという乾いた音がグラウンドに鳴り響いた。音のするほうに目をやると、例の五人が専用のネットに向かってティーを打ち込んでいる。彼らは硬式ボールで練習していたのだ。ますます本気モードである。だが、私は密かにわくわくしていた。グラウンドは相手チームが所有する専用グラウンドを拝借していた。だから時間はたっぷりあり、九回戦をきっちり戦うのが常だった。今日の先発ピッチャーは決まっているが、私にも中継ぎで登板する機会はあるだろうと思っていた。現役の社会人野球選手に投げるチャンスなど、めったにあるものではない。若いころの私は、そのくらい自信家だった。

一塁側ベンチの向こうでは、相変わらず硬式ボールを使ったティーバッティングが続いている。軟式ボールではついぞ聞くことのできない、余韻の残る打球音だ。本来の広報部ナインが外野を使ってやっている空振りの練習……、もとい、トスバッティングとはえらい違いだ。

試合開始が近づき、ベンチ前でオーダーが発表された。私はサードかショートを守ったと思う。そのチームでは、若くて経験のあるメンバーから順に、打球が多く飛んでくるポジションにつくという不文律があった。その代わり、ベテランからクリーンアップ

……読みあ
……た。

「要するに、アレを見ちゃったからさ」

そう言って、ベンチ前で素振りをする相手チームの助っ人軍団に目線を送った。

それで私も合点した。

ひとつ言い忘れていたことがある。その日先発する予定でいた方は、とてもスマートでハンサムで女性にもおモテになるのだが、ハートがちょっとだけ〝チキン〟なのだ。相手チームを見た途端に肩の調子が悪くなった自称エースの話は、いまや私たちのあいだでは語り草になっている。記録より記憶に残る選手として。

もうひとり、やはり私の周りで伝説と化した〝軟弱エース〟がいる。

これも同じチームでのできごとだ。野球経験はほとんどなかったが、試合には欠かさず参加していた先輩だった。来ればセカンドかライトを守る。私たちの世代で言うところの〝ライパチ、ライキュウ〟である。

だが、ある試合で、いきなり彼は、ぼくにも投げさせてくださいと直訴した。ピッチャーをやるメンバーはたいがい決まっていたが、試合はいつもリクリエーション感覚でやっていたので、登板を希望するメンバーは無条件で投げることができた。だからその日、彼は先発することになったのである。だが、試合前、彼は軽いキャッチボールをしただけで、ピッチング練習をしようとしなかった。

「大丈夫ですか、練習しないで」

「平気平気。試合前にやりすぎると、本番で投げられなくなっちゃうから」

どこか飄々《ひょうひょう》としたところのある先輩なのである。

さて、試合がはじまった。私たちのチームは後攻をとったので、一回表の守りについた。先輩はマウンドに登り、スパイクで足場を固める。キャッチャーが座り、ミットを構える。私はサードを守り、ファーストが転がしたゴロを捕球しようとしていた。

そしてボールを送球しようとしたとき、私は目の端でマウンドに蹲《うずくま》る先輩を捉えた。先輩は右肩を押さえ、顔を歪めている。慌ててナインが駆け寄った。

「どうした、大丈夫か」

「肩が……、いま一球投げたら、肩がビーンときて。いててて」

もろにずっこけた。

いきなり全力投球をしようとしたからだろう。先輩は、たった一球投げただけで、しかも、試合前の投球練習の一球を投げただけでマウンドを降りた。みんな、あとを頼む、の一言を残して。

こうして、この先輩もまた素晴らしい伝説をつくった。あれから二十年近くが経つが、ふたりがつくった伝説を塗りかえるほどのピッチャーには、まだお目にかかっていない。


ポジションがバッティングピッチャー!?


ずいぶん前のことだが、グリーンヴィルにある選手が中途入団してきた。草野球を嗜《たしな》むひとであれば、誰でも一度は耳にしたことはあるであろう強豪チームからの移籍である。本来のポジションは外野だと言うが、素晴らしくいい球を投げた。まだ二十代ということもあって、チームは即戦力のエース候補として彼をピッチャー登録した。

彼は、受けていてもわくわくするような球を投げた。計測する術こそなかったが、球速はおそらく130キロは超えていたと思う。力でぐいぐい押せるタイプで、これまでに受けたピッチャーのなかでも間違いなくトップスリーに入る。草野球では第一級だった。

だが、彼はひとつだけ困った問題を抱えていた。異常な完璧主義者なのである。理想が高すぎると言ってもいい。バッターを四球で歩かせた自分に苛立ち、強引に三振を奪いにくる。力《りき》むのである。三振は取るがそのぶん四球も多いピッチャーだった。

もともとが外野なので、持ち球はストレートとカーブしかなかった。そのカーブの曲がりが気に入らないらしく、あるとき不意にシュートを覚えたいと言い出した。私はカーブを見せ球に、真っ直ぐで勝負しても充分通用すると反対したのだが、彼は聞かない。どうしても決め球を持ちたいのだという。

硬球ならまだしも、軟球でシュートを投げるのは至難の業だ。シュート回転で入ってくる球を投げるピッチャーなら対戦したことはあるが、シュートを決め球にしているピッチャーなど草野球ではついぞお見かけしたこともない。だからこそ覚えたいと彼は言うのだが。

それ以来、彼のピッチングが変わった。受けていればわかる。試合で試しているのだ。試すだけならいいが、ストレートのサインで投じた球は全てシュートだった。追い込んでカーブを要求しても彼は首を振り、逆に彼のほうからストレートを要求してくる。そしてシュートを投げるのである。

「なあ、いい加減にしろよ。そのうち肘を壊してしまうぞ」

「大丈夫です。それより、曲がりはどうですか」

「どうもこうもない、ぜんぜん曲がってないよ。ただシュート回転してるだけだもの」

「そうですか……、何がいけないのかな」

「シュートを覚えたいんだったら練習にはいつでもつきあう。だからいまはやめろ」

それでも彼はやめなかった。一徹というよりは頑固だった。

理想主義者でもある彼は、悩めるひとでもあった。シュートが決まらなければマウンドで首を傾げ、四球のランナーを出せば首を傾げ、三振を取りにいった球を打たれれば首を傾げた。そして、草野球にはつきもののエラーが出ると首を傾げた。だから、とびきりのストレートを持っているくせに、勝ち星にも恵まれなかった。

そのころは私も投げていたし、他にもピッチャーはいた。彼にはストッパーを専門に、それまでは本来の外野を守ってもらうことにした。彼ほどの球威があれば、リードした試合は充分逃げ切れるからである。ところが、チームとしてもたいへん困ったことに、そのうち彼は試合を欠場するようになった。

彼は私と同じ沿線の、ほんの四駅離れた街に住んでいた。先発をはずしたことでプライドをいたく傷つけたのだろうとは察しはついていたが、試合予定のない週末、彼を食事に誘った。経験のある方もおられるだろうが、チームの運営に携わる者はチームメイトの〝心のケア〟も仕事のひとつなのだ。

「仕事が忙しいのか」

「いえ、そういうわけじゃ……」

「じゃあ、デートか。そうだよな、わかるよ。俺も彼女ができたころは取材が忙しいとか適当なこと言って、よく試合を休んだもんな」

「違います、そんなんじゃありません」

あなたと一緒にしないでください、と言わんばかりの口調だった。

薄々わかっていたことだが、彼にはあまり冗談が通じない。いわゆる冗談を真に受けるタイプの生真面目な男だった。こういうタイプは慰めを嫌う。宥《なだ》めても賺《すか》してもおそらくは無駄だ。つまりは、懐柔策が通じないということだ。躱《かわ》すピッチングより、ストレートを投げ込むしかないのだ。

「だったら、どうして試合に来ないんだ。チームに不満でもあるのか」

「いえ、グリーンヴィルは……、いいチームだと思います。ちょっと野球を舐めているようなメンバーもいるけど」

「そうかな、俺にはそうは見えないけど。みんな一生懸命やってるよ」

「いえ、舐めてます。だって、試合前のウォーミングアップとか、みんなばらばらじゃないですか」

胸につかえたものがあれば一気に吐き出させようと思っていたが、私が想像していた以上のものを彼は溜め込んでいた。試合前のウォーミングアップは、まずメンバー全員が二列の隊列を組んでグラウンドを周回し、次は輪になってストレッチ、柔軟体操をしてキャッチボールに移るべきだという。そのキャッチボールも時間をかけすぎる。すぐに肩をつくればトスバッティングもノックもできるだろうし、ノックも内野と外野でノックを決めておけばさらに効率がよくなる。

それに、試合中の私語が多すぎる。ランナーコーチが徹底していない。指示も甘い。やっぱり盗塁、ヒットエンドランのサインは必要なのではないか。守りについたとき、ベンチが一塁側ならライトのキャッチボールを率先して引き受けるメンバーがいない。リードされているのに監督から指示もなく、ベンチ前の円陣も組まない。ベンチで煙草を吸うメンバーもいる――、私は黙って聞いていたのだが、いい加減勘弁してくれと言いたくなるような内容ばかりだった。

そして、それは、彼がグリーンヴィルに移ってくる前に所属していたチームとの比較でもあったのである。

彼には反論に聞こえたかもしれないが、私は彼の言うことのいちいちを説明した。そこまで徹底する必要はないだろうと。たしかに、ランニングも柔軟体操もなしにいきなりキャッチボールから入るメンバーもいないわけではないので、彼の言うことにも一理はあるのだが。

「でもさ、そういう野球やって、楽しいか？」

「楽しいとか楽しくないじゃなくて、それが野球じゃないんですか」

「高校野球じゃないんだし、みんないい大人なんだからさ。これで金もらってるわけでもなし、好きでやってるんだから少しくらいは大目に見てやっていいんじゃないかな。俺は監督に聞いてるから知ってるけど、きみがグリーンヴィルに来たのだって、前のチームの縛りがキツすぎて嫌になったからなんだろ」

それで彼は黙り込んでしまった。そして、こう打ち明ける。

「ぼく、本当はセンターじゃないんです」

「本職はピッチャーだったのか？」

「いえ……、バッピーです。試合にも出させてもらえなかったんです」

私は愕然とした。

彼が所属していたのは都内の一部リーグに加盟し、毎年のように優勝争いを演じている有名なチームだ。プレーのレベルはセミプロを思わせるほどに高い。彼に聞いて、私は初めて強さの秘訣がわかった。そのチームは、毎年、大学野球をやっていた新卒者を大量に入団させているのだという。入れ替えに、チームでは高齢になる三十歳前後の選手のクビが切られる。

そうやって常に若返りを図り、優勝戦線に勝ち残る戦力を維持しているのだ。信じがたいことだったが、名のある草野球チームにはよくある傾向らしい。

そのチームで彼はバッピー、つまりバッティングピッチャーを務めていた。彼がセンターを守っていたことに嘘偽りはなく、しかし、試合でミスをしてからレギュラーをおろされ、代走要員になり、最終的にバッティングピッチャーが仕事になった。私たちからすれば130キロのストレートは第一級だが、そのチームでは平均的な球速だったらしい。溜息が出てしまう。そんなチームがあるのだ。

彼がグリーンヴィルの試合に欠場がちになった理由も、このときはっきりした。想像していたとおり先発をはずしたことがきっかけにはなっていたが、彼は、レギュラーをおろされることを恐れたのである。だから、試合を休んだときも、彼は自宅近くの塀に向かってピッチング練習を続けていたのだという。シュートを覚えなければ、自分の居場所がなくなると思って。

「あのな、グリーンヴィルはそういうチームじゃないぞ。それはわかってるだろ」

「わかってますけど……」

たぶん、わかっていなかったと思う。彼は、適度に手を抜くということを知らなかった。理想が高いのはいいが、それで思い詰めたり悩みすぎるのも考えものだ。

説得が効いたかどうかはわからないが、その後、試合に来るようにはなった。だが、彼はやはり変わらなかった。羨ましくなるほどの球を投げるのに、自分を追い込んで自滅するピッチングが続いた。シーズンを終えたとき、通算の奪三振率は二桁を超えていたが、防御率は4点台。翌年、彼はチームにいなかった。

実を言うと、グリーンヴィルは彼が所属していたチームと戦ったことがある。試合には2－1で敗れたが、相手の強さはメンバーの誰もが知るところだったし、敗れたとはいえ僅差での敗戦だ。私たちは大いに自信をつけたものだった。

だが、もうごめんだ。戦力を維持するために毎年新人を入れ、そのために古株のクビを切ったり、メンバーをバッティングピッチャー専属にするようなチームとは二度と戦いたくない。彼らがやっているのは草野球ではない。私の愛する野球とは違う野球なのだ。

四回　ダッグアウト

試合を始めるまでにひと苦労

チームの運営に関わっていると、球審の手が挙がり〝プレーボール〟の声がかかるころには、すでに一試合終えたような疲労感を覚えていることがある。何故かというと、グラウンドの確保にはじまり、対戦相手との交渉、メンバーの出欠席の確認、スタメンオーダーの決定、そして試合前の練習、相手チームと審判への挨拶と、やらなければならないことが山ほどあるからだ。

それに、試合は前々から予定しているのに、人数が揃わないとわかれば〝助っ人〟の確保もしておかなければならない。その助っ人も集まらなければ、相手チームに別の対戦相手を紹介するなりして詫びを入れるしかない。

いまでこそグラウンドと対戦相手はインターネットで見つけることができるようにな

ったが、少し前まではハガキによる申し込みか、実際にそのグラウンドまで行き、クラブハウスにあるパソコンに使用希望日を打ち込んで抽選結果を待つかのどちらかだった（東京都の場合）。

さらに遡れば、私の学生時代には月の最終土曜の午前七時半までに球場管理人室前に集合し、その場で抽選を行なっていた（横浜市の場合）。あらかじめ申請して登録したメンバーであれば抽選に参加できるというものだったが、抽選会に遅れれば、当然、参加はできない。遅刻でもしようものならたいへんなこと――、私のいたチームでは、遅刻した者はその月の用具運搬係を強制的に命じられるので、みんな必死に早起きしたり、グラウンド近くに下宿しているメンバーのアパートに泊まり込んだりしたものだった。

グリーンヴィルというチームを設立したころ、メンバーの平均年齢はまだ三十歳前後と若く、妻帯者のほうが圧倒的に少なかった。このチームが何よりも苦手としていたのは朝だった。メンバーの大半はスポーツ紙の記者である。記事を書くのはナイターが終わってからになるため、帰宅はたいがい午前二時、三時になる。判定をめぐって試合が中断したとか、延長戦に突入して試合時間が長引いたとなれば、帰宅はさらに遅くなる。だから朝も遅い。午前中の早い時間に試合があるときなど、ぎりぎりに駆けつけてくれればまだいいほうで、メンバー表を交換しなければならない時間になっても現れず、もしやと思ってアパートに電話を入れてみると、その電話で目を覚ますメンバーもいた。

いざ試合開始というときにまだメンバーが揃っていないことほど対戦チームに失礼な話はない。ましてや、その理由が寝坊とあっては。監督は非常に几帳面な性格の持ち主なので、前夜のうちにオーダーを組む。その相談で話し込んでいるうちに、いつの間にか東の空が白んでいたという失敗を何度も繰り返しているが、メンバーが来なければオーダーをまた組み直さなければならない。試合前の仕事が増えるだけだ。ともすると、そのために自分のウォーミングアップをする時間すら削られてしまう可能性だってある。ただでさえ試合前は慌ただしく、監督やチームの運営に携わっている人間はトスバッティングをする時間もないくらいなのだ。なので、グリーンヴィルでは私と監督とで手分けをし、独身で、独り暮らしで、朝が弱そうなメンバーはモーニングコールで起こすということまでやっていた。

試合前の慌ただしさと監督の台詞を、ダイジェストにまとめるとこんな感じになる。

全員集まっているか。まだ来ていないのは誰と誰だ。あいつもまだ来ていないのか、今日は一番を打たせるつもりだったのに。仕方がない、やつを九番に下げて、先攻をとって時間を稼ごう。頼む降簱、相手さんに事情を説明して先攻でやらせてもらえないか訊いてきてくれないか。あ、これはどうも奥さん。ありがとうございます、今日はわざわざ応援に来ていただいて。どうぞどうぞ、ベンチに座っていてください。お〜い、そっち、キャッチボールが済んだらトスバッティングはじめててくれ。九時十五分開始だぞ。ピッチャー、肩はできあがったか——。

試合がはじまるころには、すでに一試合終えたように疲労感を覚えるのはこういった理由からだ。最近ではチームメイトのほとんどが妻帯者となり、インターネットや携帯電話を使ってのグラウンドや対戦相手の確保、出欠席の確認もできるようになったので非常に楽にはなったが。

相手チームの実力は練習で検分

しかし、私にはどんなに慌ただしくても試合前にもうひとつやっておかなければならない仕事がある。練習時間のうちに、相手チームの雰囲気や実力を見ておくことである。注意する選手をチェックしておくのだ。マスクをかぶる予定の試合で、相手チームが初めて対戦するようなときはなおさらだ。

まずは、選手それぞれのユニフォームの着こなし方をさりげなく盗み見る。背丈や体格の良し悪しに関係なく、着こなしがサマになっている選手や、どことなく雰囲気のある選手は間違いなく経験者と思っていい。そして、ユニフォームが似合う選手は、たいがいキャッチボールの腕の振りも綺麗だ。

これは相当経験があるなと思えば、私はスコアブックにその選手の背番号をひかえておく。トスバッティングを見る時間があればなおいい。バットコントロールがうまくて無駄のないスイングをしていたら、これはもう警戒しないわけにはいかない。

そのトスバッティングだが、どういうわけか、さして強くないチームにかぎってトスバッティングがトスバッティングの意味をなしていないことが多い。わずかな時間で行なうトスバッティングは、バットにボールを当てる感覚を養うものだ。あるいは、バットコントロールを養う練習と言ってもいい。何故なら、ピッチャーにボールを打ち返すのがトスバッティングの基本だからだ。ピッチャーはやんわりした球を投げる。それがインコースであればやや押し出すように、アウトコースであれば手首をこねる感じで、どのボールをどんなふうに打てばピッチャーに打ち返せるかを覚えてゆく。それがバットコントロールにつながるのだ。

決して強い打球を打つ必要はない。コツンコツンと当てるだけでもいいのだ。だから、ピッチャーの左右後方二、三メートルの間隔で野手がふたり、ボールは三個もあればトスバッティングは充分にできるのである。にもかかわらず、野手がピッチャーの後方何十メートルも後ろを守っているかと思えば、バッターはバッターでホームラン競争でもしているかのように、パッコンパッコンと痛烈な打球を放っているチームがたまにある。それを見て〝ナイスバッティング〟と声をかける選手がいたりすると、私はもう頭を抱えてしまうのだ。

だが、対戦するチームが試合前にそういうトスバッティングをしてくれていると、私は内心でほくそ笑むのである。ゆるいボールにフルスイングをするということは、目と身体をゆるいボールに馴らしてしまうということだ。試合前にそんなことをしてしまったら、いいストレートを持っているピッチャーの球にはまず対応できない。ツーストライクに追い込んだら、ウィニングショットは〝釣り球〟に近いインハイで決まりだ。

試合前の練習を見れば、そのチームの力量はわかるのである。

それでも勝てないことがあるのは、何故なんだろう？

ベンチのどこに座るか

言うまでもないことだが、チームの雰囲気はとても大切である。

そして、雰囲気と同様に、試合でのベンチの座り順も私は大切だと思っている。

監督はベンチの上座、ホームベースにいちばん近い場所に座る。私の指定席は、その隣だ。かけ持ちしている二つのチームでもこれは変わらない。スコアをつけることが多いからでもあるが、どちらのチームでも監督代行を務めることがあるので、平素よりその〃地位〃をアピールしているのである。

自分のチームでもときおりあることなのだが、試合前、あるいは試合中、私はマスク越しによく相手チームのベンチを見る。すると、ごくまれにベンチに空白地帯のようなものがあることに気づくときがある。ベンチの中央がぽっかり空いているかと思えば、ホームベースに近いほうとその反対側とにメンバーが分かれているような感じだ。

イニングが変わっても同じ状態が続いていたりすると、もしかしたらチームがひとつになっていないのかなという印象を受ける。何となく〃派閥〃があるような気がしてならないのだ。あるいは、チームの主力派や運営に関わるメンバーがホームベースに近い席を陣取って、そうでないメンバーが奥のほうに固まっているのかもしれない。古参メンバーと入団から日が浅いメンバーとで分かれているとも考えられる。いずれにせよ、チームが打ち解けていない証拠だ。

チームの欠点を晒すのはとても心苦しいが、かつてのグリーンヴィルがそうだった。実は、いまもその傾向にある。チームにはマスコミ以外のメンバーもいるのだが、気がつくと記者は記者どうし、会社員は会社員どうしで固まって座っているのである。当然、グループとグループには隔たりがあって、そのグループのあいだにはふたりぶんが座れるような空白ができる。

ひどいときになると、たとえば守りについたとき、ベンチに三人が残っていて、ふと見るとその三人が離れてぽつんぽつんと座っているようなこともある。その時点で、私は負けを確信してしまうのだ。よしんば勝てたとしても、あくまでそれは相手チームよりたくさん点を取ったというだけに過ぎない。それ以前に大切なもので、私たちは負けているのである。チームの〝雰囲気〟という、とても大切なもので、だ。

メンバーの誰がどの席に座っているかというのは、チームの雰囲気を測る恰好の判断材料にもなるのだ。相手がひとつにまとまってないなと感じれば、こちらはお祭りムードで盛り上げて勢いに乗じればいい。それが波に乗るということだ。逆に、こちらの雰囲気がいまひとつよくないと見抜かれれば、相手はつけ込んでくる。ベンチの雰囲気で試合の流れががらりと変わってしまうのが野球なのだ。

だから、新しく入団してきたメンバーが初めてチームに合流するとき、彼がどこに座るかが重要な意味を持ってくる。最初はチームに誘ったメンバーの隣りに座るか、あるいは〝新参者〟の心得としてベンチのいちばん隅っこを選ぶことが多いが、いきなりベンチのほぼ中央に、でん、とスポーツバッグを置いてスパイクに履き換えるニューフェイスもいないわけではない。そんなとき、私はとても頼もしい新人が入団してきたものだと嬉しくなってしまうのだ。

ホームベースにいちばん近い席に監督が座り、その周辺にバッテリーと監督を補佐する立場のメンバーが座る。これはどのチームでも同じだろう。だから、入ったばかりの選手がいきなり上座近くに座るのはあまり礼儀がよろしくない。かといって、遠慮して反対側のいちばん隅っこに座るのもどうかと思う。そこまで遠慮する必要はないからだ。なかには、ベンチの隅っこが好きだとゴキブリみたいなことを言って、いつもそこを定位置にしているメンバーもいるが。

入団したばかりで、躊躇《ためら》うことなくベンチ中央に座るような選手は、かなりできると思っていい。それだけで実力を充分アピールしているのだ。いくつかのチームを渡り歩いたとか〝腕に覚えのある〟選手はたいがいがそんな感じだ。そして、そういう選手は、必ずチームにいい刺激を与えてくれる。

チームに見知らぬ顔があると、助っ人で来てもらった選手でないかぎりはニューフェイスか入団を予定している選手だ。そういうとき、私は極力こちらから自己紹介をして、キャッチボールにも誘うようにしている。彼だけを孤立させるような一面を相手チームに見せたくないからだ。何よりも、せっかく入団してくれたメンバーに、このチームはよそよそしいと思われたら、それだけで課題を残すことにもなる。だから、新メンバーのほうから先に挨拶なんかされてしまうと、私はやられたと思ってしまうのだ。彼は、すでに自分からチームに溶け込もうという姿勢を見せている。社会人としてもまっとうな証《あかし》だ。思い出してほしい。あなたが初めてチームに合流したときはどうだっただろう。

チームの雰囲気という点では、私にはもうひとつ、どうしても気になることがある。試合中に互いを〝さん付け〟で呼びあっているチームだ。

さきにも書いたが、私がかけ持ちしているチームにもないわけではない。もちろん、体育会系にあるような上下関係でなく、年上のメンバーに対する礼儀からということはわかっているが、たとえば塁が埋まった場面で打順がまわってきたようなとき、ベンチから「降籏さん、頼みますよ」などと声をかけられると何だか腰が砕けそうになるのだ。

守っているときもそうだ。ごくごくまれに、私はダイビングキャッチなんぞを試みることがある。キャッチャーをやっていると、本塁のクロスプレーで相手走者をブロックするかファールボールに飛びつくくらいしか〝見せ場〟がないからだ。ごくごくまれに飛び込んで、ボールのほうからミットに飛び込んでくれようものなら、守っているナインから「降籏さ〜ん、ナイスキャッチ」の声が届く。捕れないまでも「降籏さん、ナイスファイト」とは言ってくれる。

そんなとき、私はいつも勘弁してくれと思うのだ。プレーやガッツを讃えてくれるのはいいが、さん付けはやめようよ、さん付けは、と。

チームには私より年上のメンバーはいる。ベンチで話すときは〝さん付け〟だが、フィールドに散ったら私は誰であろうと敬称はつけない。プレー中だからだ。それでも、呼び捨てではまずいかなと思うときはポジション名で呼ぶ。

集治監というチームには、周囲から〝軍曹〟と渾名《あだな》されているメンバーがいる。彼は私より一まわり半も年上だ。左利きということもあって、ふだんはファーストを守る。

ショートバウンドの捌《さば》き方など堂に入ったものだが、たまに後方に逸らすこともある。名前で呼びづらいときは、ポジションで呼べばいいのだ。

「へいへいファースト、しっかり止めようぜ」

チャンスで軍曹が打席に立ったときも同様だ。頼むぜバッターと言うだけでいい。

チームメイトを〝さん付け〟で呼んだり、試合中に敬語を使われたりすると、私の場合、どうにも緊張感が薄れてしまうのだ。それが同年代だったり同い年だったりしたときは遠慮されているような感じがして、プレーまで遠慮してしまいそうになって怖い。

遠慮があっては、チームはひとつにならない。年上に敬意を表しつつも、互いに好きなことを言い合えるくらいでないとチームも勢いに乗れない。雰囲気は大事なのだ。だから、新しく入ってきたメンバーと試合前のベンチで名刺交換するのだけはやめよう。それは打ち上げのとき。

「和気あいあい」も行き過ぎては……

集治監の監督と私は、いまのチームをつくる前にも同じチームにいた。還暦を前にした監督が人生最後に自分のチームを持ちたいと言ったことが集治監をつくるきっかけだが、早い話がふたりでチームを抜けたのである。私もそのチームでやるのは精神的にきつくなってきていたので、集治監を結成しなくても退団していたとは思うが。

そのチームには監督がさきに入団し、翌年に私が誘われた。チームの半数以上が野球未経験者なので、コーチ兼任で来てくれないかという理由だった。メンバーの仕事の都合から平日の朝イチで試合をするチームだった。だからグラウンドも取りやすく、年に四十試合近くもするような野球好きなチームなのだが、行ってみると、なるほどひどい。チームに合流して三十分もしないうちに、監督が私を呼んだ理由がわかるほどだった。野球歴が長いメンバーもいないわけではないが、部活動でやった経験がないためか、我流もいいところなのである。さきにも書いたが、トスバッティングでホームラン競争をするような感じだ。

幸いだったのは、未経験者がいずれも二十代と若く、それぞれが学生時代にテニスやバレー、バスケットなどのスポーツをしていたことだった。身体は充分に動くし、運動神経はいいのだ。メンバーの半数が未経験者というチームでやる野球は初めてと言ってもよく、私には何もかもが新鮮だった。このチームを通して、私は勝つことだけが野球じゃないと教わったのである。もちろん、負け続けることだけが野球でもない。

結局、監督と私とでチームを任されるかたちになり、互いの知り合いを誘い入れたりしてテコ入れを図ったりもしたが（せめてレフト線を固めるなりしないと試合にならないからだ）、在籍した三年ほどの間にチームは無死満塁のピンチを無失点で切り抜けるような離れ技までやってのけるほどに成長した。負け数こそ勝ち数の倍以上はあったが、かつてのような大敗ではなく、接戦に競り負けての負けが目立つようにもなった。

戦力はそれなりに整いつつあり、それなりの野球をするチームまであと一歩のところまできていたが、私にはどうしても理解できない点がいくつか残っていた。そのひとつが、試合前の風景だった。ベンチ内が和気あいあいとしているのは結構なのだが、和気あいあいとしすぎて、メンバーの誰ひとりとして（未経験者にかぎって）相手ピッチャーの投球練習に注目しないのだ。

初めて対戦するチームは、ピッチャーが投球練習をしている間にさまざまな情報を与えてくれる。試合前の投球数はだいたい八球と決まっている（二回以降は審判により五球か三球）。その八球の間に、必ず一、二球は決め球を投じてみるものだ。それでカーブの曲がりや落差を測ることができる。最後の一球はセットポジションで投げるから、クイックの早さや球筋を見ることができ、キャッチャーも肩の強弱を披露してくれる。

さらに言えば、投球練習の間に内野はボールまわしをする。ゆるいゴロを転がすからグラブ捌きはさほどの参考にならないが、サード、ショートの肩の強さはそれでわかる。外野手のキャッチボールに目を転じても同様だ。情報はいくらでもあるのだ。

勝ちたいかと訊けば、彼らは勝ちたいと応える。負けて悔しいかと訊けば悔しいと応える。だったら――、と私は野球未経験のメンバーに叩き込んだ。試合に集中するのはもちろんだが、試合前も集中しよう、と。

ところがベンチは和気あいあい。何を話しているのかと耳を澄ませば、競馬に女、いまやっているロールプレーイングゲームの攻略法と、野球には全く関係のないことばかりをぺっちゃらくっちゃらと話しあっている。投球練習をしているピッチャーに背を向けて座り込むばか野郎までいる始末だった。何度か注意したが、これだけは変えることができなかった。おそらくは、負け癖がついていたころからの名残なのだ。

監督は、あえて野球経験の浅いメンバーから一番を打たせていた。前のシーズンの成績が52打数ノーヒット、39三振（四死球での出塁8）であっても、場数を踏ませれば経験になるし、まぐれでも一本出れば野球への取り組みも変わるだろうと考えたからだ。

その一本に期待して打席に送るが、彼はあえなく凡退してベンチに戻る。それは仕方がない。ホームベースにいちばん近い席には監督が座り、その隣りに私が座っている。すいません、と凡退を詫びながらベンチに戻ろうとするので、おい、ちょっと待て、と彼を呼び止めるのが常だった。

「いいか、一番バッターの仕事は必ずしも出塁することじゃない。三振してもいいから、その代わりピッチャーの球をよく見て、どんな球を投げるのかチームメイトに報告するのが仕事だ。で、どうなんだ、ピッチャーの球は」

「えっと……、いい球でした」

お前は会社でも上司にそういう報告をするのか、と思わず突っ込みたくなるほどだ。これがグリーンヴィルなら、ことは実に容易《たやす》く運ぶのだが。

「思ったより手元で伸びますね」

必ずこんな報告が入る。あるいは逆に、

「ここで見ているほど速く感じないです。出どころも見やすいし。変化球はスライダーかな、キレはいいっすよ。腕の振りが同じなんで、惑わされるかもしれません」

凡退してベンチに戻っても、打席に入ったときのピッチャーの印象を必ずメンバーに伝えてまわる。先手必勝で出塁するのも一番バッターの仕事だが、これも大事な仕事になる。あとから打席に入る選手が球筋をイメージしやすくなるからだ。

そのチームでは、監督があえて〝不動の一番〟に据えても、彼は毎回その仕事を忘れ、ベンチはベンチで和気あいあいだった。私や監督が引っ張ってきたメンバーはいずれも経験者ばかりなので、そのうち、ベンチ内に目に見えない隔たりができていた。

反撥も買っていたのだろう。その覚悟でテコ入れをしてはいたが、どこでどう尾鰭《おひれ》がついたものか、私と監督とでチームを乗っ取るつもりらしいという噂になった。誰がそんな噂を流しているかはおおよそ見当がついている。それで、私はもうチームを抜けようと思った。チームはそれなりに育っていたし、私は私の務めを充分に果たした。

人生最後に自分のチームを持ちたいと監督が漏らしたのは、そんなときだった。

私も、メンバー全員が同じ方向を向く野球をしたいのである。もちろん、集治監にも、グリーンヴィルにも、相手ピッチャーの投球練習に背を向けて座り込むようなメンバーはひとりもいない。

そのチームの噂はときどき耳に入る。私と監督が抜けたあと、私たちに続くかのように退部者が相次ぎ、一時はチーム存続も危ぶまれたというところまでは知っていた。最近どうやら新しいメンバーを加えて活動を再開したとのことだ。だが、埋め草的に未経験者を入れたらしく、以前と同じ連戦連敗を繰り返していると聞く。もちろん、私の知ったこっちゃない。

プロとの試合

なかなかグラウンドを確保できないとき、ときどきズルをした。コネを使うのである。あまり褒められた話ではないが、コネを使ってでも野球がしたかったのだ。グリーンヴィルというチームにはスポーツ紙の記者が多い。球団広報とも顔馴染みになるので、頼み込んでプロの二軍練習場を借りたことも何度かあった。

西武ライオンズの第三球場を使わせてもらったときは、球団職員チームと試合をする予定だった。午前いっぱいは使えるということだったので、現地集合時間を八時と決め、私たちはほとんどが始発に乗り込んで所沢に向かった。球場入りが早ければ早いほど、グラウンドを長く借りられるからである。このときばかりは寝坊をするメンバーもいなかった。

開場を待つ間ももどかしく、私たちは球場の入口でユニフォームに着替え、球団職員チームの到着を待った。ところが、八時半を過ぎても誰ひとり現れない。首をひねりながら職員チームの代表者に連絡すると、先方は試合を翌日と勘違いしていて、メンバーにもそのように通達していた。いまから招集をかけても数が揃いそうにもないとのことなので、やむなくその日は練習日にあてることになった。プロが使うグラウンドで練習できるのだから、よしとしたのである。

フリーバッティングや連係プレーの確認などで、それなりに気持ちのいい汗をかくことはできた。使用時間はあと一時間少し残っていて、もう一度フリーバッティングをして終わりにしようかと話しあっているときだった。

私たちが練習しているグラウンドを、西武ライオンズの選手がぞろぞろと通り過ぎた。

「何やってんだ、お前ら」

声をかけてきたのは、当時、ライオンズの一軍ピッチングコーチをしておられた加藤初さん（現韓国プロ野球・ＳＫワイバーンズ投手コーチ）だった。チームには西武の球団通訳を務めていたメンバーや西武担当の記者も何人かいた。見知った顔が見知らぬユニフォームを着て、しかも自分たちのグラウンドで練習していたので加藤さんも思わず声をかけたのだろう。事情を説明すると、加藤さんは、

「ふうん。じゃあ、いっちょう揉んでやろうか」

と言い出した。

試合をやろうと言うのである。相手は現役のプロ野球選手である。私たちからすれば願ってもないことなので、いっちょう揉んでやられることにした。こんな機会は一生に一度あるかないかだ。いや、たぶん、コネでも使わないかぎり一生に一度もないだろう。かくして、予想だにしていなかったプロとの試合が実現したのである。

西武の先発は加藤初さんご本人だった。このとき加藤さんが引き連れていたのは、二軍にいたバッテリーばかりだった。二軍とはいえ、現役のプロ野球選手に軟球を投げさせるわけにはいかず、加藤さんの登板と相成ったのである。

あらためて説明するまでもないとは思うが、現役時代に〝鉄仮面〟の異名を持ち、ノーヒットノーランも達成した大投手である。引退されてから五年が経っていたが、これぞまさしく変幻自在のピッチング。結論から言えば、私たちは手も足も出なかった。球速こそ私たちのレベルにあわせ120キロ前後に抑えてくれたのだろうとは思うが、フォームもむかしテレビで見ていたままと全く変わるところがなかった。

打席に立った私に、あの加藤初が投げてくる――、そう思うだけで私の胸は高鳴った。初《うぶ》である。軟球ってこんなに曲がるのかと思うほどに大きく曲がるカーブを投じてきた。私に打順は二回まわってきたが、ショートフライとキャッチャーフライに打ち取られたように思う。ストレートなら打ち返せると意気込んで打席に入るのだが、二打席とも簡単に追い込まれては決め球のカーブを打たされた感じで終わった。私ばかりでなく、チームの誰もがいいように弄《もてあそ》ばれていた。

「へいへいピッチャー、素人相手に完全試合でも狙ってんのか。大人げないぞ」

私たちのベンチからはこんな野次も飛んだ。ふだん西武の取材をしている担当記者なので、このくらいの悪態は許されるのである。だが、鉄仮面はニコリともせずに悠々とマウンドを降りてゆく。その態度が実にふてぶてしい。かつて加藤さんに封じ込まれたプロの選手も、きっと私たちと同じ思いをしたのだろう。

加藤さんの見事なピッチングは、脱帽を通り越して脱毛と言っていいくらいだったが、それ以上に私たちを驚かせたのはプロのレベルだった。たとえば、グリーンヴィルが座るベンチ前に飛んだファールフライ。私たちであれば最初から追うことをしない打球だ。そのとき私はサードのランナーコーチに立っていて、これはファールだなと打球の行方を見送った。ところが私の脇を西武のサード（たぶん白鳥浩徳選手だったと思う）が風のようにすり抜けたかと思うと、彼はその打球をランニングキャッチで捕球してしまった。

「あれを捕っちゃうの？」

私は愕然とした。ファールフライを打ち上げたバッターも啞然としていた。ベンチも呆然としている。プロは一歩目からトップギアに入れると言われるが、私たちはそれを目の前で見たのである。そんな私たちをさらに驚かせたのが、マウンドにいる加藤さんの一言だった。

「ファインプレーに見せるんじゃないよ、楽々捕れるだろうが。スタートが遅いんだよ、お前。走り込みが足りない証拠だな」

私には、とてもスタートが遅いようには見えなかった。それどころか、これがプロのプレーか、と心の底から感嘆していたのである。

その試合、私はマスクをかぶっていた。是が非でも投げてみたかったのだが、残念ながらこのときも私以外にキャッチャーをできるメンバーがいなかったからだ。打席に入る西武の選手一人ひとりに、お願いします、と声をかけられる役得はあったが。

また、加藤さんが打席に立ったときは、二言三言アドバイスもいただけた。

「あのピッチャー、球種は真っ直ぐとカーブだけ？」

「はい」

「カーブのとき、腕の振りが違うからバレバレだなぁ。修正したほうがいいね」

「それはちょっと無理かもしれません」

「だったら、もっとボールを散らしたほうがいいな。胸元をうまくついてさ。草野球でもそれくらいやってもいいんだろ」

こんなことをアドバイスされたと思う。

パ・リーグの投手は年に数えるほどしかバットを握らないが、彼らからすれば私たちの投げるボールは焦れったくなるくらい遅く感じただろう。ましてや軟球ということもあり、けっこう打ち損じてくれたりもした。セーフティバントを試みて、思いのほか打球が弾んで首を傾げる選手もいたが、ランナーを溜めては確実に弾き返すバッティングで着実に得点を重ねていった。私たちが前進守備体系を取れば、ポーンと当てるだけのバッティングでショートの後ろにぽとりとボールを落とすような、実に大人げないやり方で、である。

何回の守りのときだったかは覚えていないが、西武の選手が打ち損じた打球が一塁側ベンチ前に上がった。いいところを見せようなどという気持ちは毛頭もなく、私は無我夢中でそのファールフライに飛びついた。捕れると判断したからである。だが、ボールはミットの先端に当たって、西武ナインが座るベンチ前にころころと転がった。

「惜しい惜しい。ナイスファイト。そのファイトが伊東に欲しいんだよ」

西武ベンチからそんな声が聞こえた。伊東というのは、ライオンズの黄金時代を支えた正捕手・伊東勤さん（現監督）のことだ。飛び込んだときは無我夢中だったが、そのときになって私は、先刻の白鳥さんのプレーを思い出した。

スタートが遅いと言われながらも、白鳥さんはプロのレベルをまざまざと私たちに見せつけた。ナイスファイトと言われながらも、私は草野球のレベルをまざまざと彼らに見せつけてしまったような気がして、耳まで真っ赤になっているのが自分でもわかるほどだった。西武第三球場にどでかい穴を掘って入りたいくらいだった。

グラウンドの使用時間が午前いっぱいと決められていたので、西武との試合は五回まででしかできなかった。その五回二死まで、グリーンヴィルは四球と内野手の悪送球（おそらく軟球だったのが原因）のランナーを出しただけで、西武先発の加藤さんから一本のヒットも放っていなかった。鉄仮面、大人げなく素人相手にノーヒットノーラン達成か――、と思われたそのとき、チーム最年長のメンバーがセンター右を破る2ベースを放ち、私たちはかろうじて準完全試合を逃れることができた。が、そのランナーを返すことができず、結果的に試合は4－0の完封負けで落とした。

西武ナインにしてみれば遊び以外の何ものでもなかったかもしれないが、私には一生の思い出とも言える試合だった。あのときの舞い上がりぶりを言葉にするなら、まさに〝夢のドリームマッチ〟だった。

いい勉強をさせてもらい、プロのレベルを垣間見ることができた。プロの世界が厳しいということも改めて思い知った。走り込みが足りないと言われた白鳥さんは、その回の守りを終えて戻ると、一塁側ベンチからライトフェンスまでのダッシュを三本繰り返していたのだから（おそらく加藤さんが命じたのだろう）。

他にも元プロ野球選手がいる草野球チームや、有名な監督の奥さんが運営するリトルリーグのチームと対戦したりもしたが、その試合については触れないでおこう。中学生をへこませてはいけないという心配りからピッチャー経験のないメンバーを登板させたはいいが、よもやの大差をつけられてへこまされたとは口が裂けても言えないではないか。

その情報で、満足ですか？
Invest yourself with Foresight !
Foresight
フォーサイト
3月号 2006
COVER STORY
パレスチナが抱える「ハマスの難題」
ガーション・バスキン
只今、
年間予約購読を
お申し込みの方
全員に
オリジナルグッズか
図書カードを
進呈中!
Foresight
激動する世界の政治・経済情報の深部へ
フォーサイト
新潮社

五回　ルールとエチケット

ワンマン監督

味方がエラーをすると、マウンドで怒鳴るピッチャーがいる。

何度か対戦経験のあるチームのピッチャーがそうだった。彼は、監督でもある。監督兼エースというのは、どうにも手に負えないところがある。似たようなチームは数え切れないほどあって、監督はエラーをした選手に檄《げき》なのか威圧なのかわからないような声を飛ばす。

「しっかり捕れ」

私はそれだけでたまらなくなり、ミスをした選手にも同情してしまう。

冗談めかして言うならまだしも、どうも本気で言っているらしいのだ。監督と選手に年の差があるほどそういう傾向にあるような気がする。嫌だな、こんなチームは。

集治監というチームも、監督はエースで四番を打つ。若いメンバーとは親子ほど年が離れている。だが、メンバーがエラーをしても声を荒げるようなことは一度としてしたことがない。監督が偉いのではなく、それが当たり前なのだ。

草野球というのは、同年代が集ってつくるチームと、集治監のように年齢層に幅があるチームとに分けられる。どちらもきっと楽しい野球ができると思う。集治監での弊害は、打ち上げでカラオケに行ったとき、軍曹がいきなりムード歌謡を唱ったり、東京オリンピック以前の流行歌を監督が選曲するくらいだ。元自衛隊員だったメンバーが軍歌を熱唱するのは論外としても。

打ち上げの盛り上がりまでをひっくるめての草野球なのである。そして、そのチームを束ねるのが監督だ。監督はチームの総指揮権を有し、どんな野球をやりたいのかを決める立場にもある。それでチームの方向性も決まるのだ。同世代の集まりであろうが年齢層に幅があろうが、仲間に慕われる、あるいは人望の厚い人格者でなければ務まらない仕事なのだ。

その監督が、ピッチャーとしてマウンドに登る。打たれてカッカするようなひとはピッチャーをやらないほうがいい。ましてや、エラーをしたメンバーを怒鳴りつけるようなひとは。おーい、打たせるぞとバックに声をかけ、守りを任せるくらいの度量は欲しいものだ。

以前にいたチームでは、顔馴染みの四チームで〝私設リーグ〟をつくっていた。平日に試合ができるチームばかりだったのでグラウンドも確保しやすく、一チームにつき三回ずつの総当たり戦で年間順位を決めていた。当然、最優秀投手賞や首位打者、打点王などのタイトルもある。

そこで妙なことが起きた。

私は私でチームの個人成績を割り出していたのだが、幹事チームから送られてくる記録とずいぶん数字が違うのである。何と言えばいいのか、幹事チームのエースの通算成績が、私がつけたスコアの数値より常にいいのである。

双方の成績を並べてみると、投球回数と失点、与四死球、奪三振数は同じだが、被安打数と自責点がはるかに少なくなっている。言うまでもないが、そうなると防御率もうんと低くなる。さらに細かいことを言えば、私がいたチームのメンバーの打点、打率も下がることになる。

何が起きていたかは皆さんもご想像のとおりだ。

次の試合を終えたあと、私は相手チームの記録担当者とスコアのすりあわせをすることにした。その私設リーグは私が入団する何年も前から続いていて、スコアの集計は幹事チームに一任されていたそうだが、記録に異議を申し立てたのは私が初めてだったらしい。私にすればそのほうが意外だった。チームや個人記録が違っていて、誰も疑問に思わなかったのか？　総当たりでは年に一勝できればいいような和気あいあいとしたチームだったので、たぶん〝お任せ〟だったのだろう。

スコアは予想していたとおりだった。私たちの攻撃でヒットと記録した当たりが、相手のスコアではエラーと記録されていた。三遊間を華麗に抜いた当たりやセンター前に弾き返した当たりはヒットと記録されているが、ショート強襲やライト前のテキサスヒットはいずれもエラーになっている。

「あの当たりは内野安打だと思うよ。それから、これ。セカンドの後ろに落ちた当たりだけど、セカンドもライトもグラブに触ってないから記録上はヒットだよ」

「でも、あれは監督がエラーだって……」

このチームも監督がエースだった。なおも悪いことに、監督は社長でもあった。ナインはいずれも社員である。社内でチームをつくり、監督兼エースとして君臨していたのである。だから、メンバーは誰も逆らえず、監督があればエラーだと言えば記録はエラーになるのである。被安打も減るわけだ。私がはじき出した防御率よりはるかに数字がいい理由にもようやく合点がいった。

たとえば、2アウトから四球とヒットが続いて点が入ったとしよう。この場合は文句なしにピッチャーに自責点がつく。だが、2アウトからエラーで出した走者が連打で返っても、打ったバッターに打点はつくが、ピッチャーに自責点はつかない。何故なら、エラーがなければピッチャーはその回を守り終えた計算になるからだ。

2アウトからのヒットをエラーと記録すれば、その後何点取られても自責点はゼロだ。私が計算した数字と違うのは、こういう理由からだった。その監督が野球好きなのは私も大いに認めるところではあるが、そうまでして自分の投手成績をよくしたいかと言いたいところはある。もっとも、5点台の防御率を3点台の後半に修正したところで最優秀防御率賞の獲得にはほど遠かったけれど。

個人成績を出しているチームは、試合後にできるだけ相手チームとスコアのすりあわせをしたほうがいい。こちらがヒットとつけた記録が相手チームではエラーになっている場合もあるし、その逆も往々にしてあり得る。判断に迷った当たりは審判に確認するのがいちばんだが、なかなかヒットが出ていなかったり、野球経験の浅いメンバーに甘口採点するくらいなら許されるだろう。

恩情のヒットも、草野球ならではの楽しみになる。思い出してもみたまえ。一時期、優良と謳われた企業の〝粉飾決算〟が連日のように紙面を賑わせていたではないか。ワンマン社長とか世襲が続いた企業にかぎってそんなことをする。ワンマンなボスがいてもいいが、スコアと帳簿の改竄《かいざん》だけはしてはならないのだ。

たかり屋集団

そのチームでは、メンバーのなかでいちばん気の弱い人間が会計係を任されていた。そして、いつも部費が足りないとぼやいていた。部費の集め方は、年間部費としてシーズン初めに一括で徴収するやり方と、試合ごとに出場料としてグラウンドに来た選手が払うやり方とがある。ほとんどのチームは試合ごとに徴収しているようだ。そのチームもそういうシステムだった。

だが、部費が足りないわけはないのである。メンバーは毎回十数人来ていて、参加費はひとり頭一〇〇〇円と決まっていた。そこからグラウンド使用料と審判代を支払うが、これは相手チームとの折半になる。しかも、私たちが審判をお願いしていた方は、常用しているグラウンドから徒歩三分のところに住んでいて、外苑審判倶楽部が派遣する審判より格安で裁いてくれていた。

だから、参加料が一万円ちょっと集まり、グラウンド使用料と審判代を折半で五〇〇〇円前後払ったとしても、試合をやるごとに七〇〇〇円ぐらいは手元に残る計算なのだ。そのチームは年間三十試合を軽くこなしていたので、シーズン終了時には二十万前後の部費がストックされていてもおかしくはないはずだった。たとえ試合球やチームバットなどの用具を購入したり、納会の費用にストック金の一部を充てたとしても、前年や前々年からの繰越金を加えれば慢性的な金欠病に陥るはずがないのである。

「おかしいじゃないか、いまいくら残ってるんだ？」

「えっと、二万円ちょっとです」

「ちょっとってことはないだろう、帳簿つけてんだろ。正確にはいくらなんだよ」

チームの会計を任されたメンバーは、わからないと応えた。帳簿もつけていないという。私は呆れ果てたが、財布代わりに部費を入れたポーチを開くと、なるほど二万円ちょっとしかない。小銭入れのほうに五円玉や一円玉がじゃらじゃらとあるのは、打ち上げや納会で使った残りの端数なのだろう。グラウンド使用料と審判代の明細だけはつけていたが、その他の明細がいっさいない。

「わかった、とりあえず繰越金のことはいい。いま、ここにあるだけが部費としよう。でも、今年はもう十試合以上やってるんだぞ。少なくとも七万円のストックがなきゃおかしい計算になるだろう。それを説明してくれ」

「それがですねぇ……」

怖ず怖ずと彼が差し出したものがあった。背番号順に並べたメンバーの出席一覧表だった。これまでのスコアを見ればすぐにわかることだが、彼は彼で出席表をつけていたのである。だが、よく見ると出席したメンバーは○印と◎印とに分けられている。

「この丸印はどういう意味なんだ」

「それがですねぇ……」

説明を聞いて、部費が足りない理由がすっかり明らかになった。○印は出席者、◎印は参加費を納めたメンバーだったのである。もちろん、私が参加した試合は全て◎になっている。会計を任された彼も◎だ。だが、驚くべきことに、参加したメンバーの半数以上が○印だった。さらに驚くべきことに、ほとんど皆勤賞で参加しているにもかかわらず、開幕ゲームからその日に至るまでの全試合が○印のメンバーまでいる。それもひとりやふたりではない。これでは部費も貯まらないわけだ。

「どうして徴収しないんだ、それがお前の仕事だろう」

「払ってくれないんですよ」

「払わないことないだろうが。お前がしっかり徴収していれば十万円以上残っている計算になるじゃないか」

「でも、本当に払ってくれないんです」

「こいつら、いつから払ってないんだ。正直に言え」

「えっと……、ずっとです」

だろうと思った。

信じがたいことに、部費も払わずに試合に出るばかりでなく打ち上げにも参加し、その費用をちゃっかりと部費にツケていたメンバーまでいる始末だった。チームでいちばん気の弱いやつに会計をやらせていたのも、おそらくはそういう理由だ。

昨年の未納分を徴収するのはあきらめたが、次の試合、彼には今年の未納分を全て徴収してこいと私は命じた。

「無理です」

「無理じゃない、やれ。会計係だろ」

彼は無理だと言い張り、揚げ句は怖いとまで言うので、代わりに私が徴収にまわった。

「あのさ、今年まだ参加費もらってないんだよね。あいつ（会計係）が徴収しなかったから迷惑かけて悪いんだけど、今日を入れて九試合分。払ってもらえるかな、なければ次ってことにしとくけど」

「いえ、ありますよ。万札しかないけど、いいですか」

「いいよ。はい、じゃあ、おつり一〇〇〇円」

そして私は彼の○印を全て◎印に書き換え、会計係のもとに戻る。

「ほら、ちゃんと払ってくれたぞ」

「それは降簱さんだからですよ」

「俺じゃなくても払ってくれる。ほれ、行ってこいよ。試合前に集めとけば楽だろう」

それでも彼は尻込みするので、結局、私が未納分を全て回収してまわった。

メンバーは実に素直だった。これまでは持ちあわせがないと言って財布も開かなかったらしいが、私が徴収すると偶然にも万札を何枚も持ちあわせていて、すんなりと財布を開くのである。そして、その日一日だけで一気に八万円近くの部費が貯まった。当然、次の試合でも、その次の試合でも未納分は徴収し、チームの会計事情はあっという間に豊かになった。

だが、私はもうそのチームに嫌気がさしていた。野球を楽しむだけ楽しんで、参加費も払わずに帰るなんておこがましい。野球をやる資格がないとまでは言わないが、一試合につき一〇〇〇円の参加費が惜しいのならやらないほうがいい。年に二十試合やったところで二万円だ。安いものだと思わないか。グラウンドには二万円で買えないものがたくさん散らばっているのだ。どこかでこんなコマーシャルがあったような気がするが。

金の切れ目が縁の切れ目とは言うが、私は部費を潤沢に増やしてチームを去ったのである。

痛すぎるガッツ

他のスポーツと比べて、野球のユニフォームは実に多くを着込む。まず、アンダーストッキングを履いて、その上にストッキングを履く。そして、襟のないアンダーシャツの上にユニフォームを着て、ズボンを穿く。最近ではメジャーリーガーを真似たロング丈も多くなったが、短パンは許されない。帽子の着用も義務づけられている。

何故これほどに多くを着込むのか。訊くところによると、野球のユニフォームはハンティングスタイルがモデルなのだという。ハンターが狩猟に出かける際の装いである。言われて私は納得したのだ。ハンターは帽子をかぶるし、上のユニフォームはベストを意味しているのかもしれない。ストッキングはゲートルの名残だろう。襟付きのアンダーシャツが駄目な理由はわからないが。

野球というスポーツは、ニューヨークから北西に約四〇〇キロ離れた田舎町〝クーパーズタウン〟が発祥の地と言われている。町の住人が楽しんだ〝ダウンボール〟というゲームが進化したものらしい。ちなみに、ベースボールを〝野球〟と訳したのは鹿児島県出身の中馬庚という人物。正岡子規が本名の升《のぼる》をもじって、野球《のボール》とした説は誤りだ(ただし、打者、走者、死球などの訳語をつくったのは子規)。

ユニフォームがハンティングスタイルをモデルとしたように、フィールドに散ったナインは〝猟犬〟に譬えられたとも言われている。獲物は打球である。ハンターが撃ち落とした獲物を忠実に追う猟犬がナインなのである。獲物が鳥であれば飛球ということになるだろうし、ウサギや猪ならば地を這うようなゴロというわけだ。人間はよく〝イヌ型〟と〝ネコ型〟に分けられるという話を耳にするが、すると野球好きはイヌ型ということになるのだろうか。それも、きわめて主に忠実な。

私がダイビングキャッチを試みるようなとき、これを捕れば目立てるぞという下心があったりするとたいがいは捕れないものだが、ピッチャーが苦しんでいて、ひとつでもアウトを取って楽をさせてやろうという思いで追うときはボールのほうからミットに飛び込んできてくれたりする。獲物を追うときはやはり無心がいいらしい。野球の神さまも見ている。二兎を追う者は一兎をも得ず、なのである。

無心になるのは大いに結構だが、必死になりすぎてケガをしてしまっては元も子もないことは肝に銘じておきたい。突き指や打撲程度ならまだしも、捻挫となると生活や仕事にも支障が出る。脱臼や骨折となると生活の全てが狂うばかりでなく、手術や入院が必要になれば家族にまで負担が及ぶ。それが独身のひとり暮らしだったりした場合は、もっと大変なことになる。

グラウンドでのケガは何度も見てきたが、試合中の骨折で病院に運ばれた選手だけでも十人以上はいた。いちばん多かったのは臑《すね》や足首の骨折だと思う。無理な体勢で滑り込んだり、スパイクを引っかけての骨折だ。特に、半年ぶりとか一年ぶりに出場するといったブランクの長い選手に多かった。

身体が試合に馴れきっていない状態で出場するのと、久しぶりということを忘れて大がかりなプレーをしてしまうのが原因だ。ケガそのものは本人の責任によるところが大きいとはいえ、チームは沈んだ気持ちになるし、彼を起用した監督としても責任を感じずにはいられないだろう。

本当は、久しぶりに野球をやっていきなり試合というのはよくないことなのだ。だが、仕事の都合で次に出られるのはいつになるかわからないという事情がわかっていたりすると、ついつい恩情で前の打順を打たせてしまうことになる。かといって、全然バットを握っていなかったからベンチスタートとか九番を打たせるのも非情なようで忍びない。実は、久しぶりに来た選手をどう起用すべきかは私にもわからないのだ。むしろ教えてほしいと思っている。あなたのいるチームでは、一年ぶりだという選手をどのように起用しているのかを。

毎年三十試合以上やっていても突き指ひとつしない選手がいるかと思えば、どんなに試合馴れした選手でもケガをするときはする。そういう選手にありがちなのが鎖骨部分の骨折のような気がする（鎖骨は比較的簡単に折れるものらしい。折れた鎖骨が支柱の役割を果たし、皮膚がテントのように四角錐に盛り上がるから一目で折れたこともわかる。鎖骨が皮膚を突き破ったら感染症の畏れもあるので要注意。参考までに)。

特に見てきたのが外野手で、野手どうしの接触やダイビングキャッチで着地の仕方が悪かったときだ。ガッツ溢れるプレーは賞賛に値するが、痛すぎるガッツは考えものだ。本人も痛いだろうが、戦力を欠くことになるチームも痛い。ケガの内容次第では、カンパを募るなり部費から供出するなりして治療費の一部をチームで負担することもある。

「おい、気をつけようぜ」

救急車で運ばれるチームメイトを見送って、敵味方を問わず互いに注意を呼びかける。そして、過度なプレーはひかえることにして、私たちは何ごともなかったかのような顔でプレーを再開するのである。ベンチの隅でメンバーの家族に連絡を入れ、何度も頭をさげている監督の姿を尻目に。


草野球でバント?


戦局に関係なく、1-3や0-3のカウントでバントの構えを見せる選手がいる。

そうやって揺さぶりをかけるわけだ。高校野球でもよく見る光景だし、プロの選手でもやるひとはいる。コントロールのいいピッチャーからすれば、そういうバッターはありがたい。ボールを投げさせて歩くつもりなので、打つ気がないからである。そんなときはど真ん中の棒球を投げても打たれない。

野球はチームプレーだからチャンスを拡げる努力は必要だ。歩くことも立派なチームプレーではある。だが、カウント1‐3からのバントの構えはどうだろう。たまにしかできない野球の数少ない打席を四球で歩くというのは、私には実にもったいないことだと思うのだ。

これまで対戦したチームにはむろん、いまのチームにもバントの構えを見せる選手はいる。次の球がボールになって歩くと、ベンチから〝ナイス選〟の声が飛ぶのだが、私はいつも、何だかなぁと思っていた。チームとしては無条件で塁を埋められるわけだし、本人がそれでいいのなら口を出す必要はないと思いながら、ずっと気にはなっていた。

集治監というチームで、バントの構えを見せたメンバーに軍曹がベンチから怒鳴ったのは、そんなときだった。

「ばか野郎、スクイズする気もねえくせに姑息な真似すんな。男らしく打ってけ!」

1点リードされた試合の、一死満塁での場面だった。

カウントは1－2か0－2だったように思う。彼は初球からバントの構えを見せていたが、私としては軍曹の怒号に全く同感だった。というより、溜飲がさがる思いがしたのである。勝負をした上での押し出し同点はよしとしても、ピッチャーを揺さぶって追いついたところで、あまり気持ちはよくない。

集治監ではサインプレーをしていない。野球経験者は塁に出れば好き勝手にかきまわしてくれるが、経験の浅いメンバーが出塁してもなかなか次の塁を狙わないときは、お～い、走れ、と言葉で指示を出す。実に牧歌的なのだ。

だから、バントもスクイズもない。せっかくの打席を〝犠牲〟にするのはしのびないという思いから、監督もとにかく打てと言っている（サードが深く守っているようなとき、自分も生きるセーフティバントを試みるのはありだが）。

集治監でバントの構えを見せるのは、実は他のチームとかけ持ちでやっているメンバーにかぎられている。もうひとつのチームが区のリーグに加盟していて、その大会を中心に活動している選手が集治監でも同じ野球をやるのである。言葉を変えれば、バントの構えを見せる（あるいは実際にバントを多用する）のは、区のリーグに加盟しているチームに見られがちということでもある。

区のリーグでは、加盟全チームによるトーナメント大会が春と秋とに開催される。それぞれが一部から三部ないし四部に分かれていて、新加入のチームはまず末端のリーグからスタートすることになる。区によって規定は若干異なるが、原則的にトーナメント大会で優勝もしくはベスト4に残ると上のリーグに昇格できるシステムになっている。当然、上のリーグに行けば行くほど強豪揃いになり、試合のレベルも高くなる。戦力を維持するために、毎年のように選手を入れ換えるチームがあるのはこういう理由からだ。

また、トーナメント大会は土日祝日ごとに開催され、区立グラウンドが優先的に使われるので、リーグに所属しているチームはグラウンド確保に頭を悩ませなくて済むという特典もある。ただし、勝ち残ることが最低条件にはなるが。

負けたら次がないので、彼らは確実に1点を奪う野球をやるようになる。区のリーグに加盟したチームがバントを多用するのは、勝ち残るためでもあるのだ。試合時間が決められていることから延長戦もなく、代わりに、二死満塁とか二死二、三塁の攻撃をサドンデスで行なって決着をつける。そういう野球をメインにやっていると、せっかくまわってきた打席を送りバントで終わらせるのはもったいない、という発想が彼らにはなくなるのかもしれない。

区のリーグ参加をやめた理由

グリーンヴィルも、過去に三回ほど区のリーグに参加したことがある。新加入ということで、最初は三部リーグからのスタートだった。三回戦くらいまでは無難に勝ち上がっていくのだが、参加した三回とも最後は不戦敗で敗れた。メンバーの大半がプロ野球チームの遠征に帯同してしまい、数が揃わないのだ。

自分たちでグラウンドを確保するときは、メンバーの予定にあわせて申し込みをするが、トーナメントになると土日を連戦で戦い、勝てば翌週の土曜日にも試合が組まれる。区のリーグでは登録した選手しか出場できず、当然のように助っ人は許されない。いずれかの試合で棄権せざるを得ないのはマスコミチームの宿命でもあるが、最後に参加した大会は緒戦が不戦敗だった。

トーナメント出場は力試しにもなるから今後も参加しようという意見もあったが、三回目のエントリーを最後に、グリーンヴィルはリーグを脱退した。私も、脱退を奨めたひとりだった。理由はふたつある。

ひとつは、やはり対戦相手に送りバントが多いことだった。私も何試合かに投げたが、ランナーが出れば送ってくる。区のリーグとはいえ所属は三部だし、やっているのは草野球に変わりないのだから盗塁なんて簡単にできるはずなのに、バント、バントでくる。カウントが1－3になればバントの構えを見せて、必ずと言っていいほど次の球は見送る。基本に忠実なのはいいが、妙にちまちました野球をしているようで、私はあまり面白くなかった。

もうひとつの理由が、トーナメントという〝負けたら次がない〟試合が嫌だったことだ。次がないために、いままでやってきた野球ががらりと変わりかねないからである。

試合前日、いつものように監督からオーダーの相談を受けたときのことだ。

「ものは相談なんだけど、やっぱベストメンバーを組んだほうがいいんじゃないかな」

「クリーンアップですか？」

「うん。一、二番はいいとして、主軸をきっちり固めるってのはどうだろう」

私は即座に反対した。

メンバーの力量はわかっている。粒ぞろいのチームだと自負はしていたが、やはり力量の差は否めないものがあった。高三の夏に全国制覇を果たした名門校のOBは、甲子園のベンチ入りは叶わなかったと言ってもプレーは別格だった。一桁の背番号で甲子園の土を踏んだメンバーは、頼むからそのグラブを売ってくれと言いたくなるほどボール捌きが巧みだった。同じバットで打っているとは思えないほどの飛距離も見せた。

　グリーンヴィルの方針は、調整をしっかりしているメンバーから起用する、である。そのために、プロ野球のキャンプに帯同するメンバーにはグラブ持参を義務づけていたほどだった。空き時間を見つけてメンバーどうしキャッチボールくらいはしておけという意味だ。南国に行くのだし。

　春先のチーム練習を欠席したピッチャーは、二試合か三試合に出場してやっと登板が許された。監督自身、肘を壊した経験があるので、自主トレ抜きでいきなり登板させるということはなかった。何よりも故障だけは避けようという考えがあるからである。野手についても同様で、年に何本も柵越えを放つメンバーでも、たまにしか来られなくて調整が不充分と見たらベンチスタートか指名打者で下位を打たせた。厳しい方針だが、私は監督の考え方が好きだった。

　区のリーグ戦に参加したとき、監督がベストメンバーを組んだらどうかと言ったのは、その試合がトーナメント戦だったからだ。負けたら次がない試合の、勝ちに行く野球である。誰がスタメンオーダーに名を連ね、誰がクリーンアップを固めるかは火を見るよりあきらかだった。つまりは、今季十試合近くを欠かさず参加したメンバーが控えにまわり、二、三試合しか来ていないメンバーが主軸を打つということだ。

「駄目かな、やっぱり」

「ベストオーダーには違いないですけど、それじゃみんなが納得しないでしょう」

「そうなんだよな。俺もレギュラーとサブを分けるようなことはしたくないんだけど、トーナメントってのがなぁ」

「しょっちゅう参加できるメンバーじゃないから、クリーンアップを打たせて花を持たせるって考えはありですけどね。緒戦に勝っても、次の試合には来られないかもしれないんだし」

「わかってくれるかな」

「スタメン外したからって腐る連中じゃないけど、どっちにしろ面白くないでしょうね」

「だな。よし、いままでどおりで行くか」

「そのほうがいいと思います。リーグに参加した途端にオーダーに手を入れるのは、いかにもって感じで不自然ですよ。ベストメンバーを組んだ試合を見てみたい気はしないでもないですけど」

「おいおい、頼むから誘導するなよ」

結局、監督はベストオーダーに近い布陣を敷いた。

クリーンアップを打たせる予定のメンバーをそっくり下位にまわして〝裏クリーンアップ〟とでも言うべき打順を組み、監督は自らオーダーを外れ、欠かさず出席しているメンバーをスタメンで使った。ずいぶん悩んだらしかった。だが、監督のチーム思いが一目でわかるようなオーダーだった。

グリーンヴィルは緒戦を不戦敗で落とした大会を最後に、区のリーグを脱退した。もう一度挑戦しようという声も一部ではあるが、おそらく、もうエントリーすることはないだろう。私もそれでいいと思っている。ベストオーダーを組んでまで勝ちたいとは思わないし、1点を取るためにピッチャーを揺さぶるような野球もできるならばしたくない。投げていても、マスクをかぶっていても、私が敬服するのは1－3や0－3からでも振ってくるようなバッターだ。見ていても気持ちがいい。それで打たれたときは、天晴《あっぱ》れと脱帽するだけだ。バントやスクイズはとても重要な戦術のひとつではあるが、草野球ではないか。結果はどうあれ、ピッチャーを揺さぶって奪う1点より、積極的に打って奪った1点のほうがよほど気持ちいいと思うのだ。

助っ人の使い方

生理的なものかもしれないが、対戦していて不快に感じるチームがときどきある。味方のミスを怒鳴りつけるようなチームもご勘弁だが、野次が汚いチームもあまり好きではない。それと、エチケットを知らないチーム。

打席に立つとき、無言でバッターボックスに入ってくる選手がいる。目くじらを立てるほどではないにしろ、私にはそれがどうにも不思議でならない。西武ライオンズの選手だって、全員が脱帽してお願いしますと一声かけて打席に立った。それが礼儀なのだ。

私が何よりも解せないのは、帽子をかぶらない選手だ。チームカラーと違う色のTシャツを着ているくらいなら目をつむるとしても、帽子もかぶらずにプレーするのは野球に対して失礼な気がする。見ていてみっともないとも思う。それとも、頭皮に何か問題を抱えていて、汗で蒸れるのを恐れているのだろうか。

チーム名は忘れてしまったのに、そいつのことだけは忘れられない不愉快な選手がいる。彼は、帽子はかぶっていたが、キャッチャーがするようにキャップを後ろ前にかぶって打席に入ってきた。もちろん無言でだ。試合がはじまったときからマナーの悪いチームだなとは思っていたのだが、彼の態度にムカッときた。

「帽子、逆だよ」

「いいッすよ、これで」

「よくない。なおせよ」

相手のほうが年上だということはわかっていたが、私はわざとタメ口をきいた。ずいぶんむかしの話だ。若いころの私には、そういった生意気なところがあった。たぶん、いまもだろうが。

「審判、いいんですか、これで」

私は審判に同意を求め、審判も帽子はちゃんとかぶったほうがいいと言う。

それでも彼は後ろ前にかぶった帽子をなおそうとしなかった。私の言い方が非常に生意気だったので、彼も意地になったのだろう。私だって自分より年下のキャッチャーにタメ口をきかれたら、その前にテメエの言葉遣いをなおせと言い返すに決まっている。

私も意地になっていた。立ち上がって腕組みをしたまま、ずっと彼を睨みつけた。

「おい、座れよ」

今度は彼のほうから言ってきた。

やだね、と私は応える。私は実に生意気だった。そのうち審判が、ふたりともいい加減にしなさいと怒り出し、彼は不承不承といった面持ちで帽子をなおし、私もようやくミットを構えた。ビーンボールのサインつくっときゃよかったな、と思うほど私は腹が立っていたが、うまくセンター前に弾き返されたように思う。

草野球といえども、やはり最低限のエチケットは守るべきだ。エチケットとは、相手チームを不愉快にさせない心遣いであり、相手に対する敬意でもある。不愉快な思いをした試合は、大差をつけられて敗れた試合より後味が悪いものだ。

そのエチケットのなかで、案外と見落とされがちなのが〝助っ人〟の使い方にある。

草野球では助っ人を頼むことが往々にしてある。メンバーが足りないから助っ人に来てもらうわけだが、あらかじめメンバーが揃わないことがわかっていれば、事前に策を講じることはできる。知り合いに声をかけて参加してもらうのだ。その代わり、次にこちらが助っ人を頼まれたときは極力協力することも忘れてはならない。ふだんはライバル関係にあっても、助っ人の貸し借りをすることで誼を通じることもある。

だが、試合当日になって不意の欠席者が出た場合は、相手チームから選手を借りて頭数を揃えることになる。それは本当に失礼なことなのだ。助っ人を貸し出すほうも面白くないだろうし、借りたほうも申しわけが立たない。

集治監では、助っ人を頼まなければならないような事態に備え、予備のユニフォームと帽子を常に三、四着は用意している。その他にも、アンダーストッキングやベルト、ズボンもサイズ別に揃えてある。必ず年にひとりやふたりはアンダーストッキングを忘れた、ベルトを忘れたというううっかり者が出るからである（私はこの前の試合、グラブを忘れて監督の予備のグラブを借りた。すごく怒られた）。

監督が潔癖症なひとで、ベンチ内に違うユニフォームを着た選手がいることを嫌うのだ。いかにも助っ人ですという選手がベンチにいるのは、対戦相手に与える印象もよくない。だから助っ人で来てもらった選手はもちろんだが、入団を予定していて、まだユニフォームができていない新メンバーも最初はこの予備のユニフォームで参加する。

やむなく頼んだ助っ人でも、全員が同じユニフォームを着たベンチは見ていて気持ちがいい。部費を払わない選手が多くて慢性金欠病のチームはともかく、いつ助っ人に来てもらってもいいように、予備のユニフォームを用意しておくことも草野球のエチケットのひとつだと私は思っている。それくらいの予算はあるだろう。ユニフォームの着こなしやベンチの雰囲気もそうだが、野球も見た目が9割なのである。

見た目も大事だが、それ以上に気を遣う〝助っ人の使い方〟についてもうひとつ。

ある試合で、相手チームが七人しか揃わないと断りを入れてきた。つまりは、選手をふたり貸してくれということだ。こういうとき、集治監では〝出場を予定していた選手はどんな選手なのか〟を必ず訊くようにしている。たとえば、主軸を打つとかサードを守るとかだ。それにあわせてメンバーを貸し出すようにしている。できるだけ戦力を拮抗させるためだ。

経験から言うと、助っ人を頼んだとき、相手チームが貸し出すのはたいがいスタメンをはずれた選手と相場が決まっている。言葉は悪いが、とても下手な選手だったりすることもある。本来なら助っ人を頼んだ時点で不戦敗は決まっているし、どんな選手を借り受けても文句を言える筋合いではないが、それで相手チームの度量というものが測り知れるような気がする。

そういった意味では、集治監はお人好しチームなのかもしれない。だが、たとえお人好しでも、私は試合が盛り上がるほうを好む。試合に負けたとしても、打ち上げの席で貸し出したメンバーを吊るし上げて楽しめるではないか。勝っても貸し出したメンバーが吊るし上げられることに変わりはないだろうが。

その試合、相手チームは外野とセカンドを守るふたりが欠場すると言った。私たちはそのポジションどおりのメンバーを貸し出した。チームでは、ふだん一番と六番あたりを打つメンバーである。

メンバー表を交換したとき、監督の表情がにわかに歪んだ。相手チームは、私たちが貸し出したふたりを入れて九人きっかりで試合に臨むことになる。そのふたりの打順は、八番と九番に記されていた。

「なに考えてんだ、あのチームは」

監督が怒る理由もおわかりだろう。

相手チームは、助っ人を加えて初めて試合をすることができるのだ。事前に頼んでいた助っ人であれ、試合直前に対戦チームから借り受けた選手であれ、助っ人に一番二番を打たせるのが礼儀なのだ。あるいはクリーンアップでもよい。それが、助っ人を頼むエチケットだ。これだけは心得てほしい。誰のおかげで試合を楽しめたかが大切なのだ。

その試合は、大差をつけて集治監が快勝した。だが、ちっとも楽しくなかった。相手が放った六本のヒットのうち、こちらの助っ人がそれぞれ二安打（ともに打点1）というのも面白くなかったが、それ以上に不愉快さだけが残る試合だった。

助っ人の起用法ひとつにも、チームの志が見えるのである。そのチームからは、過日のお礼返しとなる再戦の申し込みもない。あったとしても、おそらく受けないだろう。

六回　ジャーニーマン

一日に三試合かけ持ち

かつてのチームメイトに、野球ばかの典型と言ってもいいほどの〝おばか〟がいた。職業はフリーのコピーライター。仕事は野球のためにやっていると言ってはばからなかった。何しろ、知り合った当時から、常に五チームから六チームをかけ持ちしていたのだから。

彼は、グラウンドにいつも自慢の愛車で乗り入れていた。私たちが子供のころに一世を風靡したスポーツタイプで、すでに生産していないヴィンテージものらしい。オープンカーではないが、ユニフォーム姿で車から降りるときの彼はまさに花形満を彷彿とさせた。

たいがい試合直前に駆けつけ、彼をトップバッターで起用するつもりの監督をやきもきさせていた。球場入りしても、ほとんどウォーミングアップもしない。それで一度訊いたことがあるのだが、彼は平然と応えるのである。

「大丈夫です。今日はこれで三試合目だから」

私は唖然とした。

彼が何チームもかけ持っていることを知ったのもそのときだ。平日は、ほぼ毎日のように違うチームで早起き野球をやっているのだという。週末ともなればダブルヘッダーは当たり前、そのときのようにトリプルヘッダーも珍しくはないとのことだった。試合が重なったときは、所属期間の長いチームを優先していたらしい。いつも試合開始ぎりぎりに駆けつけるのは、前の試合を終えたあとの移動に時間がかかるからなのだ。

野球のことしか考えていないような男だけあって、プレーはすこぶる上手かった。守らせればどこでもこなせるユーティリティプレーヤーだし、打たせれば左右どちらでも長打を打てた。チームとしても、実に貴重な戦力だった。たったひとつ、チームにはたいがい一年（長くても二年）しか在籍しないという悪い癖を除けば。浮気性なのである。

私は何故か彼とウマがあった。そのチームではピッチャーをしていたが、私が登板するときは監督に頼んで彼にショートに入ってもらっていた。守備が安定するばかりでなく、彼がショートにいると、面白いようにセカンドランナーを牽制で刺せるのだ。

セットポジションに入り、二塁方向を見たとき、彼が意味あり気に頷いたら〝このランナーは刺せる〟のサインだった。私は時計まわりでも逆まわりでもセカンド牽制はできるが、時計まわりの牽制を多用した。そのほうがランナーをおびき出しやすいからである。

また、私からも、彼には〝牽制するよ〟というサインを出していた。キャッチャーのサインを見るとき、私はボールをグラブに、右手は尻のポケットあたりを触るような姿勢をとるが、手の甲をポケットに当てていたら牽制はしない、逆に、手のひらでポケットを触っていたら牽制球を入れる、という簡単なものだ。

私としては非常にやりやすいチームメイトだったのだが、残念なことに二年の在籍で彼はチームを離れ、私もそれからしばらくして他チームに移った。

何球団も渡り歩く選手を、メジャーの世界では〝ジャーニーマン〟という。彼はまさに草野球界のジャーニーマンだった。チームを変えるたびに仕立てたユニフォームの数も、五十着ではきかないらしい。私もこれまでに十着近くユニフォームをつくってきたが、それでも彼の足元にも及ばない。

だが、彼が本当の意味でのジャーニーマンになるのは、バブル景気に翳りが見えはじめたころだった。

彼がチームを離れてからもつきあいは続いていたが、あるとき突然に連絡が取れなくなった。音信不通の状態は一年近く続いたように思う。不意に連絡を寄越したかと思うと、連絡を取れなくなったのは、実はマンションを追い出されたからなのだという。仕事が激減し、家賃を滞納したのが原因らしい。というより、野球にかまけて蓄えを怠ったのが原因だ。

それで、いまどうしているかと訊けば、車上生活だと応える。路上生活ではない。車上生活である。愛車に寝泊まりし、銭湯に通い、コピーの仕事は車内かファミリーレストランでしているのだという。そのころようやく普及した携帯電話でクライアントと連絡できるし、電源さえ確保できればパソコンは使えるから仕事にも生活にも支障はないですよ、と至って暢気《のんき》な口調で言う。

仕事はとりあえずあるが住所不定——、彼は文字どおりのジャーニーマンだった。

「チームはともかく、人生までジャーニーマンになってどうするよ」

私は呆れるばかりだったが、そのまま電話を切るわけにもいかず、半ば強制的に彼を私のマンションに住まわせた。彼と音信不通になっていた間に私は入籍し、いわば新婚ほやほやのラブラブ状態だったのだが、愛すべき〝野球ばか〟を放っておくわけにはいかなかった。

彼が滞在したのは、ひと月足らずだっただろうか。先輩のコピーライターの事務所を住み込みで手伝うという理由で、彼はマンションを出て行った。私のところには居づらかったのかどうかは定かではない。彼の前ではいちゃつかないように気を遣ったつもりではいるが。

それからの彼は東京を離れ、一時期はバイト生活で糊口をしのいだというが、いまはまたコピーライターとして活躍している。まずはめでたしと言いたいところだが、生活は相変わらず野球中心で、やはり三チームほどかけ持ちでやっているとのことだ。ここまでくると、天晴れと言うしかないような気もしないでもない。

それでも、以前に比べれば、かけ持ちを減らしたわけだから、少しは懲りたということか。私の周りには、こんな野球ばかばっかりだ。類は友を呼ぶのである。

ユニフォーム代立て替え不払い事件

ほぼ十年ぶりに再会し、以前のように親しくしている友人がいる。

かつてはフリーのライターをしていた仲間だ。つまりは同業者だったわけだが、彼は結婚と同時にライター稼業から足を洗っていた。奥さんの実家が経営する会社を手伝うという理由だった。

そのころの私たちは駆け出しに毛の生えたようなもので、いつかは一端《いっぱし》のライターになろうなどと、酒を飲んでは夢を語りあった戦友だった。彼だけはしがみついてでもこの仕事を続けてゆくだろうと思っていただけに、転職を打ち明けられたときの驚きは、初めてフェンス越えのホームランを打たれたときよりも大きかった。彼にとっては苦渋の決断だっただろうことは理解できたが、私は何故か裏切られたような気がして、以来、彼とはつきあいを断っていた。

そんな彼とまた酒を酌み交わせるようになれたのも共通の野球仲間のおかげなのだが、互いの近況を聞き、野球談義に花が咲き始めたころには十年ぶりに会う気恥ずかしさや気まずさは吹き飛んでいた。野球は本当に素晴らしい。積年の不和も一気に解決してくれるのだから。

「降簾、まだ野球やってんの？」

「当たり前。いまも二チームかけ持ちしているよ。お前は？」

「降簾とやったのが最後。またやりたいけど、去年、二人目が生まれてさ、とても野球どころじゃないよ」

私には、彼がライターを辞めたことより、野球もやめていたことが残念だった。

彼は、高校野球ファンなら誰でも知っている名門校の出身だった。入団一年目でワールドチャンピオンも経験した日本人メジャーリーガーの先輩にあたる。駆け出し記者当時、彼とはしょっちゅうバッティングセンターに通い、一緒に野球もした。ふたりで近くのグラウンドに出かけ、助っ人の押し売りをしたこともある。彼も野球ばかだったのだ。

「四十過ぎると試合もきついだろ」

「きついなんてもんじゃないな。この前の試合で会心の当たりがあったんだよ、年に一度あるかないかってやつ。感触は間違いなくスタンドインでさ。だから悠々と一塁に向かったら……失速するんだ、打球が。とりあえずレフトの頭は越えたんだけど、慌てた慌てた」

「それで?」

「セカンド手前でアウト。信じられないよ、あの当たりでフェンスを越えないなんて」

「歳だな」

「うん。毎年感じる。一試合マスクをかぶると、最後の打席は四球で歩くのも嫌になるくらい疲れる。二塁にいるときなんか、頼むから歩いて返れるやつ打ってくれって願うもの」

若い時分とはあきらかに会話の内容も変わってきている。

まだ二十代の若い選手が心から羨ましいと思うようになった。それを素直に口に出して言えるようになったのも少しは成長したからか。おそらくは、体力の衰えを私自身が認めているからだろう。ちょっと前までは若い選手とも張りあっていたが、いまでは張りあうと肉離れでも起こしそうで力を抑えてしまう自分がいる。

頭のなかでは、年齢に見合った野球をやればいいと思ってはいる。だが、次の塁を狙えるにもかかわらず、そのあとの守りや体力の温存を考えていることに気づいたときは悲しくなり、やはり心から若い選手を羨ましく思う。いけないいね、気持ちが萎えたら、きっと打球も萎える。野に放たれた球を追うから〝野球〟なのだ。猟犬のような闘争心や本能がなければ、私たちは球を追うこともできない。

私は、友人をチームに誘った。彼は、考えておくと言って、やんわりと私の誘いを断った。以前の彼であれば、一も二もなく、よしやろう、と応えたに違いなかった。

「降旗、ヤンキースのユニフォーム、まだ持ってる？」

「あるよ」

それは、学生時代にサークルでつくった草野球チームのユニフォームだった。学部内の野球好きを集めた、私としては初めて結成した思い出のチームである。私が二十歳になるかならないころの話だから、八〇年代の前半だ。日本人選手がメジャーに挑戦するなど〝ありえない〟時代で、そのころメジャーリーグが好きだという人間は、野球通というより野球おたくと呼ばれたものだ。

ヤンキースのピンストライプは当時からの憧れで、チームのユニフォームもそっくり同じデザインにした。だから、背中にもネームは入れていない。四半世紀も前のユニフォームだが、いまも大事にとってある。ストライプはネイビーで、いまよりずっと線が細い。胸のNYのロゴも心なしか丸みを帯びている。レプリカには違いないが、私には宝物だ。

「俺のとこにもヤンキースのユニフォームあるぜ。それもたっぷりな」

「どうして？」

「やっぱりな、忘れてると思ったよ。いつか言おうと思ってたんだけど」

彼に言われて、私はようやく思い出した。

私は、彼とチームを結成したことがあったのだ。いまのチームをつくるちょっと前のことだから、二十代の後半だ。私はもう一度あのピンストライプが着たかった。だからヤンキースと同じユニフォームという前提でチームをつくったのである。発起人の特権を最大限に利用したわけだ。そうしてメンバーを集め、彼がユニフォームを発注する係を請け負った。

完全に思い出した。季節は冬で、チームの始動は春になってからということで、結成祝いを兼ねた忘年会をやったのだ。ところが、年を越して間もなく、会社から転勤を命じられ、入団早々〝休部扱い〟になるメンバーが二人、三人と続き、ライターを辞めて故郷に帰ると言い出すやつまで現れた。その時点で、現有戦力は最低限の九人を割っている。タイミングが悪いと言えばそれまでだが、さらに悪いことに、発起人に名を連ねる私までが春から一年ほど日本を離れることになった。そして、結成したばかりのチームを彼に託し、私は異国のひととなったのである。

それきりチームのことは忘れていた。試合はおろか、一度としてグラウンドに集うこともなく解散したようなチームだったので意識的に忘れていたと言ったほうがいいのかもしれない。だが、発注したユニフォームがそのまま彼の手元に残っているとは思いもしていなかった。つまりは、グラウンドに集うことはおろか、メンバーの誰ひとりとしてユニフォームに袖を通さなかったということだ。

私は学生時代のユニフォームを着るつもりだったのでオーダーはしなかったが、不意に途轍もなく嫌な予感が頭をもたげてきた。

「ユニフォームの代金だけど……、もしかして？」

「俺が立て替えたまま。払ったのは四人だけかな、段ボールに十一、二着入ってるから。それ以外は、み〜んな払わずじまい」

ピンストライプだから、ユニフォームは上下で揃えることになる。それに帽子を入れて、料金はひとり三万円前後にはなっていたはずだ。すると、注文の際、彼が立て替えたまま未回収になった総額は――、唸らざるを得なかった。

「どうするつもりだ？」

「どうするもこうするもないよ。いまじゃ連絡先もわからないやつもいるし」

私は黙るしかなかった。そして、なかったことにした。あのチームは、はじめからなかったのだと。

というわけで、彼とはいまもときおり会っているが、野球の話はしても、ユニフォームの話題には触れないようにしている。

ウンチク男

一死一、二塁の場面。私たちは守りについている。

相手バッターの打球は、ぼてぼてのピッチャーゴロ。完全に打ち取った打球だ。サードも前進するが、打球はマウンドを駆け降りたピッチャーが押さえ、振り向きざまにセカンドへ送球した。ボールはすぐさまファーストへ転送されたが、ショートバウンドになってファーストが後逸。ダブルプレーは成立しなかった。バッターランナーの進塁こそ許さなかったものの、局面は二死一、三塁へと変わる。草野球ではよくあることだ。

「あの場面だけど、やっぱり1―5―3じゃなかったかな」

「ふつうはそうだけど、サードも戻りきれてなかったんだし、あそこはあれでいいよ。

なぁキャッチャー？」

「そうですねぇ。ぼくもあのときセカンド送球を指示したんですよ」

「だったら、サードはちょっと突っ込み過ぎじゃないか。結果として塁を空けたことになるだろ。ワンアウト一、二塁だぞ」

「いや、向こうも送る気はなかったし、ベースに張りつく必要はないよ。キャッチャーの指示どおりでよかったと思うけど、どうかな」

「それは確実に二つ取れた場合だろ。一つしか取れないんだったらサードで殺しておくほうが無難だぜ、そうすればワンアウト一、二塁がツーアウト一、二塁になるだけなんだから。まぁ、失点につながらなかったから結果オーライだけど」

それぞれが何を言い合っているか、おわかりだろうか——？

局面に応じたフォーメーションの話である。グリーンヴィルというチームでは、試合後の打ち上げでこういうことがしょっちゅう話題になる。かなり高度な会話だ。こういう話が好きだと言い換えてもいいのだが、ふだんからプロの試合を取材しているだけに、野球を見る目は肥えているのだ。そのためか、小さなミスが気になるらしい。

その代わり、小さなファインプレーも見逃さない。逆転したイニングの先頭打者が選んだ四球とか、進塁打を意識した打球。一塁ランナーの動きにあわせ広めに空いた一、二塁間に打球を転がしてチャンスを拡げたときなどは、すまん、実は振り遅れただけなんだと本当のことを言えなくなるくらいの称賛を浴びる。

くどいようだが、野球を見る目は肥えているのだ。だから、彼らの会話に耳を傾けているだけでも勉強になることが多い。もう身体がついていかんだろう、という大切なことさえ見落とさなければ。

私の周りには集まれば野球の話しかしないようなおばかさんばかりだが、ときおり、野球に目の肥えたメンバーを驚かせる〝特技〟を披露する人間もいる。プロ野球選手の出身校、入団年月をほとんどそらんじているような達人だ。大学や社会人野球を経てプロ入りした選手の甲子園出場の有無、成績まで知っていたりする。同じ野球好きでも、私にはちょっと人種が違うような気がしてならない。

集治監にもそういうメンバーがいる。彼の場合は、ひいきにしているプロ野球チームの選手に限られているが、現役、往年の名選手を問わずよく知っている。ひいきチームの選手のことしか言わないのでときどきウザッたく感じることはあるが、それでもよく知っている。

彼もまた野球好きという点では私たちと何ら変わるところはないが、何にでも嘴《くちばし》を容《い》れたがる性格だけはちょっと勘弁なのだ。守りのフォーメーションや連係については集治監でもよく話し合う。そこに参加するのはいっこうに構わないが、斬新と言えばいいのか革命的とでも言えばいいのか、野球の常識をくつがえすような独自の理論をぶつのである（スコアのつけ方を教えたときも、彼は早速オリジナルのスコア記号を編み出して私を悩ませた）。

彼と一緒に野球をするようになってすぐのことだったと思う。私が二塁ランナーになったとき、彼はサードのランナーコーチに立っていた。そして、しきりに叫ぶのである。

「センターに気をつけて。センターうまいから」

私は、センターが相当の強肩で、打球がセンター前に飛んだら無理にホームに突っ込まなくていいという意味に受け止めていた。

だが、彼はやたらとセンター、センターと叫ぶ。ふつう、サードのランナーコーチは二塁の牽制にセカンドが入ったとかショートが動いているということを指示するものだが、二遊間に関する指示はいっさいなかった。

しばらく不思議に思っていたのだが、彼が別の試合でセンターを守ったとき、ようやく謎が解けた。ランナーを二塁に背負い、ピッチャーがセットポジションに入ると、彼はセンターから猛然とダッシュしてセカンドベースに入るのである。彼は、これを言っていたのだ。相手のチームも、センターがセカンド牽制に入ると思っていたらしい。

「センター、うろちょろするな」

マスクをかぶっていた私は、耐えきれずに叫んだ。だが、彼は、大丈夫です、と言い返して、そのアクロバティックなプレーを何度も繰り返した。

「なに考えてんだ、お前。がら空きになったセンターにフライが飛んだらどうするんだ」

「いやぁ、でもですね、ぼくが入ればランナーを釘づけにできますよ」

「それはセカンドとショートの仕事だろう。ふたりが交互に動いてランナーを牽制すればいいだけの話じゃないか」

「いやぁ、でもですね、セカンドとショートが動かなければ相手を油断させられるじゃないですか」

「わかった、仮にそういうフォーメーションがあったとしよう。お前がセカンドに入る、ピッチャーが牽制する。それが悪送球になったときは？　ボールがフェンスまで転がれば相手にみすみす1点くれてやるようなもんだぞ」

「いやぁ、でもですね、そういうときはショートがカバーに入るとかすればいいんじゃないですか」

私はだんだんと宇宙人と話しているような気になる。

たぶん、チームメイトも同じ気持ちだ。もうお気づきだと思うが、彼の口癖は〝いやぁ、でも〟である。セカンド牽制にセンターが入る——、ありと言われればありかもしれない。だが、どうなのだろう。私は聞いたことがないのだが（見たことはある、彼のプレーで）。

彼は、レフトを守ってもサードに猛然と突っ込もうとする。このときは牽制悪送球を想定し、そのカバーのつもりで走ったと聞いて二度びっくりしたものだった（レフトがサード牽制のカバーに入るときは、ピッチャーが投げるボールの延長上に90度の角度で走るのが基本。レフトがもろにサードベースに向かったら、逸れたボールをカバーする選手がいなくなるではないか。ちなみに、ライトが三遊間に飛んだゴロやファースト牽制のカバーに入るときも同様）。

とにかく、私たちがやったことのないような野球をやろうとして、彼はチームメイトを面食らわせる。だから〝軍曹〟にもしょっちゅう叱られるのだ。好きこそ物の上手なれとは言うが、彼の場合は独自の理論を追い求めすぎるのか、いわゆるセオリーを受けつけないらしい。

彼はもう十年以上プレーしているが、それまでは野球経験がなかった。私は、もしやと思って、彼に簡単な問題を出した。白紙に扇形のフィールドを描き、そこに人形《ひとがた》の野手をちらばせる。

「ノーアウトランナー一、二塁だとしよう。ここでバッターは右中間を破るヒットを打ったとする。フェンスまで転がる当たりだ。文句なしの2ベースだけど、こちらの連係次第では三つになる可能性もある。守っているナインは、ポジション別にどう動く?」

ボールとナインの動きを矢印で書き込めと私は命じてみた。

「えっと、右中間を破ったわけですよね。センターとライトがボールを追って……、どっちがボールを取るんですか?」

「どっちでもいい。そのボールをどこに返すか、そのときのナインの動きが大事なんだから」

「グラウンドは人工芝ですか、それとも土のグラウンド?」

「人工芝と土とでフォーメーションに違いが出るのか」

「いえ、一応参考までに訊いておこうと思って」

「いつもやってるグラウンドだ。ノーアウト一、二塁で右中間を破る当たりをライトとセンターが追った。それから？」

「セカンドも一応ボールを追って、ショートがセカンドベースに入りますよね。だからこうです」

彼はボールの動き、野手の動きを矢印で書き込んだ。

「バックセカンドだな。一塁ランナーはサードに進むことになるけど、ピッチャーとファーストとレフトは動かなくていいの？」

「ええ、それはそのときどきで」

彼は自信満々である。私はちょっとイラッとくるものを感じたが、それを飲み込んで続けた。

「じゃあ、そのときどきを考えよう。センターがボールに追いついて返球しようとしたとき、一塁ランナーがサードをまわっていたら？　バッターランナーもサードに向かう勢いだったら、ボールとナインの動きはどうなる？」

「センターがボールを捕った場合ですね」

「センターが捕ろうがライトが捕ろうが、ナインの動きは同じだから」

「そうしたらですね、えっと……、センターとライトがボールを追って、セカンドも一応追います。で、センターがボールを捕ったので、ライトは見てます。セカンドに中継するんですが、セカンドは肩が強いんですか？」

「強いッ！」

思わず語気を荒げていた。ここが私のいけないところだ。

「なるほど、セカンドは肩が強いと。そうすると、センターがセカンドにボールを返して、セカンドは……、えっと」

そこから彼の長考がはじまった。その途中、ホームベースからバックネットまでの距離は近いのかどうかという質問があったが。

私は時計を見ながら待った。彼は、あぁでもないこうでもないと口のなかで呟いているが、用紙に書き込まれたボールの動きは、センターから肩の強いセカンドに戻ったままで止まっている。一分が過ぎ、二分が過ぎた。さらに一分待ったが、待ちきれなくなって私は言った。

「わかった、終わりにしよう。俺が悪かった、ちょっと難しかったか」

「いやぁ、でも、もうちょっとなんですよ」

「そうだと思うけど、問題を出してから三分過ぎてんだ。たぶん、ランナーはみんなホームインしてると思う。ボールはピッチャーに返せばいいや」

もう少し時間があれば、バックネットまでの距離が近い場合と遠い場合とでナインの動きが違う解答を出したのだろう。彼が独自の理論を展開して私たちを面食らわせるのはセオリーを知らないからだということはわかったが、私には彼に基本やセオリーを教える自信がない。監督も、軍曹も思いは同じようだ。

だが、草野球である。センターから猛ダッシュしてセカンド牽制に入るメンバーがひとりくらいいてもいい。若いメンバーに独自のプレースタイルを教えるのだけはやめてほしいが、彼は〝いじられ役〟としてチームに貢献しているのだから。

ムードメーカーの意地

どんなチームにも、必ずと言っていいほど〝いじられる〟タイプの選手がいる。

いわゆるムードメーカーと呼ばれる選手だが、そういった選手ほど試合中に声が出て、誰からも愛される。あいつがいないとベンチがやけに静かだな、と感じてしまうような選手である。そして、どういうわけか、そういう選手ほど大事な場面でポカをやったりするのだが、それが笑いを誘うようなミスだったりするので憎めなかったりもする。

得てしてチームの最年少だったり、実力的には平均的か、もうちょっと練習しようねといった感じの選手が多い。あまりにも上手すぎる人間は、一目置かれることはあるにせよ、いじりにくいのである。チームにも社会人野球の誘いを断ったというメンバーがいるのだが、せいぜいが、六大学野球ってのは逆転のチャンスにショートフライを打つ練習をするところか、と言うくらいが関の山だ。これでは単なる皮肉にしかならない。

だが、同じ台詞をムードメーカーに言うと、意味あいが全く変わってくる。

「チャンスってのはショートフライを打ち上げることじゃないぞ」

「そうだったんですか。最初っからそう言ってくれればいいのに、降簱さんがいつもやっているようにしちゃいましたよ」

「俺がいつもポップフライを打ち上げてると思うなよ」

「わかってますって。ちゃんとぼてぼてのゴロも打ててることくらい」

とにかく切り返してくる。どんなことを言われてもめげることはなく、いつも明るい。

相手投手に向かって、打てるよ打てるよ、ちょろいぜピッチャー、と自分がたったいま凡退してきたことなどどこ吹く風といった感じだ。実にいい。前向きなのである。

もともとそういう気質なのか、いじられ馴れているのかは別にして、ムードメーカーの存在はチームにいい風を送ってくる。ベンチが和やかになるのは無論だが、何よりもチームがひとつにまとまりやすい。打ち上げにも欠かせない存在だ。

私はときどき、ムードメーカーの精神構造は似ているのではないかと思うときがある。パンチ佐藤の愛称でファンに親しまれた佐藤和弘さん（現野球解説者）は、ノンプロ時代、三遊間を破る流し打ちを見せると、うまい、お見事と叫びながらファーストに向かったそうだが、集治監にも同じことをするメンバーがいる。

彼は、打席でバットを振るたびに、どりゃあ、とか、うおぉと叫ぶのである。無言でバットを振ったほうが絶対に集中できるはずなのだが、彼はそうやって気合いを入れているらしい。かけ声のわりに打球音が聞こえず、バットに空を切らせてベンチに戻ることもあるが、ときおり、どりゃあのかけ声とともにレフトのはるか頭上を越える大飛球を放つこともある。

そんなとき、私たちのベンチが一塁側だったりすると、彼は打球の行方を目で追った

直後にベンチに向きなおって、

「見てくれましたか、皆さん」

「ばか野郎、早く走れ。二つだ、二つッ」

「お任せあれ」

慌てて走り出す。本当にこんな感じなのだ。

気持ちに余裕があるのだろう。私だったら、打った瞬間の感触や打球の角度で、これは二つ（2ベース）か、三ついけるかということを考えてすぐに走り出す。三塁ランナーを返すサヨナラヒットでもないかぎり、ファーストに走る途中チームメイトに向かって、どうです、と言う余裕はない。それが当たり前だと思っているのだが、ムードメーカーと呼ばれるメンバーを見ていると、まずはチームメイトを笑わせたり受けを狙うことが頭にあるような気がしてならない。サービス精神旺盛なのである。

ずっと以前に、東京ドームを本拠地にしていた当時の日本ハムファイターズのエース・岩本勉さん（現野球解説者）にインタビューをしたことがある。ご記憶の方も多いとは思うが、岩本さんは関西弁の〝まいど！〟を合い言葉に、得意のマイクパフォーマンスでファンを沸かせた人気選手だった。そのことに話が及んだとき、あれは好きでやっているわけではないのだと岩本さんは応えた。

「セ・リーグに比べてパ・リーグはお客さんが圧倒的に少ないし、テレビでぼくのパフォーマンスを見てくれたひとが、岩本ってのは面白いやっちゃで、となればお客さんが増えるかもしれない。そのためにわざとやってるんですよ。でも、それには次の試合も勝ってヒーローインタビューを受けられるようなピッチングをせなあかんでしょう。結構しんどいんですわ」

岩本さんの言葉に、私は本当のプロ根性を見たような気がした。

お会いするまではパフォーマンスどおりの面白いひとだと思っていたのだが、実際の岩本さんはジョークひとつ言うどころか、慎重に言葉を選ぶ方だった。夏のことでもあり、あらかじめクーラーを切って窓を開けていたら、それに気づいた岩本さんは、「暑いでしょう、えぇですよエアコン入れて。ぼくはジャケット着れば肩は冷えへんから」と私を気遣うようなことも口にされた。

私は、こういうひとが本当のプロ野球選手だと思っている。どんなに速い球を投げる技術があろうが、どんなに遠くまで打球を飛ばす技術があろうが、人間的にできていなければプロではない。

本拠地を札幌に移した北海道日本ハムファイターズは、二〇〇六年のシーズン、四十四年ぶりの日本シリーズ制覇を果たした。それは、初めて北の大地にチャンピオンフラッグが翻った瞬間でもあった。シンジラレナ〜イの流行語を生んだ優勝は、多くのひとが新庄剛志選手の存在に依るところが大きいと見ている。新庄というムードメーカーの新加入で、チームの雰囲気ががらりと変わったからだ。

その前年に岩本さんは引退していた。日本一の要因に新庄選手の活躍をあげる意見に異を唱えることはしないが、監督よりもさきに胴上げされる姿をテレビで見ながら、いまこの場面にユニフォームを着た岩本さんがいたらと思っていた。長らく優勝から遠ざかっていたファイターズに優勝の種をまいたのは岩本さんだと思うからだ。インタビューでお会いしたときから、岩本さんはチームにムードメーカーの存在は欠かせないと言っていた。お客さんが盛り上がり、チームが盛り上がれば勢いもつくと。

草野球も同じなのだ。盛り上げるお客さんはまずいないが、ムードメーカーがいればチームは盛り上がる。それは彼の人徳でもある。ベンチにハッパをかけることはできても、チームメイトを和ませるような気の利いた台詞は私には言えない。とりわけ、大差をつけられた上に完封負けだなというような試合、静まり返ったベンチに飛ばすムードメーカーの檄はありがたい。

「野球は2アウトからですよ。次が三重さんで、その次が横手くん。そのあとが……、なんだ、六人連続でホームランを打てば同点じゃないですか。いけるいける」

たいがい、こんな素っ頓狂な檄だったりすることが多いが。

野球少年を大切に

時間があると、住んでいるマンションの屋上に出て素振りをしている。

以前は縄跳びをしたり、腕立て伏せをしたりもしていた。それでよく管理人さんに、モノ書きさんってのは暇なんですねえとからかわれた。大きなお世話だ。

素振りには、中学生のころ愛用していた木製の圧縮バットを使う。我ながらよくこんな重いバットを振りまわせたものだとは思うが、いまの私にはマスコットバットとしてちょうどいい。かつては百回、二百回と振り込んでいたのが嘘のように、五十回も振ると息が切れてしまうので、素振りよりもひなたぼっこをしている時間のほうが長くなった。それでまた管理人さんにからかわれる。放っといてくれ。

屋上から眼下の通りを見おろしても、キャッチボールをしているような子供は見当たらない。平日ならともかく、週末でもだ。歩いて数分のところに小学校があるので行ってみれば、校庭には人っ子ひとりおらず、〝土日祝日は保護者同伴にかぎり校庭利用可〟の立て看板が掲げられていたりする。公園まで足を伸ばせば〝キャッチボール・素振り禁止〟のお触れ書きが出ている。

いまの子供たちは、いったいどこで野球をすればいいのだ——？

それでも、その公園には少年野球専用の小さなグラウンドが併設されていて、ネット越しにチビッコたちの奮闘ぶりを目にする機会はある。チームにでも入らないかぎり、子供たちは野球もできないのかと思うと悲しくなるが、もっと悲しいのは、グラウンドでいちばん声を出しているのが監督さんだったりするときだ。

声は、張りあげると言うよりは怒鳴り声に近い。相手チームに連係ミスが出たのに選手が次の塁を落とさなかったような場合、監督は声を荒げる。どうして走らないんだ、そういうときは走れと言ってるだろ、と。

選手は、見るからにまだ小学校の低学年だ。バットのほうが長く見えるくらい背丈も小さい。ルールだって完全に把握してはいないだろう。自分がなぜ怒られているのかすらわかっていないかもしれない。それでも監督は怒鳴りつける。

次に声を張りあげているのが、残念ながら選手たちではなく、観戦に来た父兄たちだ。応援しているには違いないが、あーもうとか、何やってんのとか、子供たちが萎縮してしまうような声が耳に届く。もっと自由にさせてあげればいいのに。ボールを握って一年になるかならないような時期から、型にはめ込むような指導はどうなのだろう。遊びのなかから技術を磨くサッカーに子供たちの人気が流れるのもわかるような気がする。

集治監でチームメイトから〝軍曹〟と呼ばれているベテラン選手は、早稲田実業野球部のOBで、大矢明彦さん（現横浜ベイスターズ監督）の一年後輩にあたる。同級生に『江夏の21球』でスクイズを見破られ、最後は三振に斬って取られた元近鉄の石渡茂さん（現ソフトバンク二軍監督）がいる。

軍曹は私より一まわり半ほど年上になる。全力疾走をしたところを見たことがないが、2ベースが非常に多い。いわゆるスタンディングダブルというやつだ。打席に立つのは年間三十回前後だが、毎年、シーズン終了時にはきっちり3割台にのせてくる。むかしとった杵柄というとブン殴られそうだが、とにかくうまいのだ。

何より、選手の乗せ方がうまい。自分で自分を褒めたくなるようなクリーンヒットを打ったときなどは、ほぉ、思ってたよりできるじゃないかと嫌味なことを言うのだが、二死満塁のチャンスでショートゴロに打ち取られたようなときは実に含蓄のある言葉を吐く。

「あれでいい、あのスイングができてりゃ上等だ。強い打球があそこに飛ぶってことは、軸がブレてない証拠だ。いまの打ち方、忘れるなよ」

すると私は、チャンスに凡退した悔しさよりも、今度こそは、という気持ちになる。

また、試合でマスクをかぶるとき、ピッチャーが投げ急いでいるなと感じたら、私はすかさずタイムを取る（タイムを要求しすぎて、馴染みの審判に叱られるくらいタイムを取る）。集治監のエースは、還暦を過ぎた監督である。夏場、ちょっとへばってるかなと思えば、マウンドから戻る途中、わざとスパイクの紐を結びなおして時間を稼いだりもする。そんなとき、ファーストを守る軍曹から、

「キャッチャー、野球を知ってるねえ」

という声が届く。それだけで嬉しくなってしまうのは私が単純だからか、あるいは、ふだん褒められ馴れてないので舞い上がっているだけのどちらかだが、軍曹がほんの些細なことも見逃すことはない。これ読んどけ、ためになるからと言って、技術論に関する書籍をさりげなくプレゼントしてくれたりもする。

軍曹は小料理屋を経営するかたわら、早稲田実業中学野球部のコーチも務めている。その教え子たちが早稲田実業高校に進み、ハンカチ王子とともに甲子園を沸かせたことからもわかるだろう。指導力は折り紙つきなのだ。だから、野球においては私の指南役でもある。私が勝手に弟子入りしているだけなのだが。

少年野球の監督が選手を怒鳴りつける場面を見るたびに、私はいつも二十年後を心配する。その子たちのなかから未来のプロ野球選手やメジャーリーガーが誕生すれば話は別だが、野球に嫌気がさし、大人になったとき草野球すらやっていなかったらどうするのだと。ただでさえサッカー人気に押され、キャッチボールをしている子供たちの姿を見ることのない時代だというのに、これ以上の〝野球離れ〟を起こしてもらいたくないのだ。いま野球に興じる子供たちは、未来の草野球選手の卵でもある。大事に育てよう。そうは思わないか。だから、街なかでユニフォームを着た子供を見かけると、私は嬉しくなってついつい声をかけてしまったりするのだが、それで先日、とんでもない事件が起きてしまった。

週末の午前、煙草を買いに出たときのことだ。その帰り道、マンションの少し手前で、チームメイトを呼びにきたらしいユニフォーム姿の子供が家の玄関先に立っていた。小学校の二年生か三年生といったところか。野球をはじめてまだ間もないという感じの子だった。だぶだぶのユニフォームがとても初々しい。

「これから試合なの？」

いきなり声をかけられて、驚いた顔をしながらも、はい、とその子は応えた。

「そうか、試合か。きみも試合に出るの？」

「いえ、ぼくはまだ入ったばかりなので……」

ちょっとおどおどした感じがしないわけではなかった。

そりゃそうだろう。いきなり見知らぬおじさんに話しかけられたのだから。そのうち、玄関口からその子の母親とおぼしき女性が現れた。その子はチームメイトを呼びに来たわけではなく、どうやら母親を待っていたらしい。

「うちの子に何のご用でしょうか」

母親は、我が子をかばうかのように、私の前に立ちはだかった。

私は呆気にとられた。言葉に刺々しさがふくまれていたからだ。私はすぐそこのマンションに住んでいる者で——、と言いかけてようやく合点した。おそらく、母親は私を誘拐犯か何かと間違えたのだ。用は何かと訊かれても、私はただ〝頑張れよ〟と言ってやりたかっただけだ。特に予定があるわけでもなかったし、散歩がてら試合の観戦に行こうとさえ思っていたくらいだ。

何を言ったところで、母親は納得しなかっただろう。その母親の目に映る私は、誘拐犯か変質者以外の何者でもないに違いない。幼い命を狙う凶悪犯罪が増えていることを考えれば、子供を守ろうとした姿勢は母親として賞賛に値する行為と言ってもいいのかもしれない。だが、それは私がその子の誘拐を企てた犯罪者である場合だ。

幸いにもマンションはその家の玄関からも見える場所にあったので、とりあえず住まいと身分を名乗り、誤解させたことを詫びて私はその場を退散した。おそらく、チームの父兄たちのあいだでは私のことが話題になり、試合後のミーティングでも〝知らないおじさんに声をかけられたら気をつけるように〟と監督さんは注意を促したことだろう。

まったく、何という時代だ。ただの野球好きなおじさんが声をかけただけで胡乱《うろん》な目で見られてしまうとは。

七回　草野球に引退なし

球場管理人というやつは……

東京都内のグラウンドは都立と区立とに分かれていて、私たちはそのいずれかを利用することになる。もちろん、抽選に当たった場合だ。グラウンドにはたいがい更衣室とシャワールームを完備したクラブハウスがあり、球場管理人室も併設されている。そこに詰めている管理人に使用料を払い、グラウンドを使わせてもらうのである。

管理人は、都や区の職員がやっているらしい。誰がどのような手続きを踏んで任命するのかはわからないのだが、揃いも揃って〝お役人〟そのまんまといった人材を派遣してくる。融通が利かない、機転が利かない、やる気がない、マニュアル以外のことはできない、やらないの〝ないない尽くし〟のオンパレードなのだ。言い過ぎではないかと言われる方もおられるやもしれないが、草野球経験者なら誰しも一度は球場管理人のやる気のなさに呆れた覚えがあるはずだ。

私たちはやっとの思いでグラウンドを確保する。二ヶ月連続で抽選にはずれ、三ヶ月目にしてやっとグラウンドが取れたというようなことは珍しくもない。だから、グラウンドが取れなかった月は、インターネットで対戦相手を募集しているチームを探したり、知り合いのチームを拝み倒して対戦カードを組んでもらう。涙ぐましいまでの努力をして試合をしているチームは私たちだけではないと思う。

にもかかわらず、些細な理由でグラウンドを利用させないのが管理人なのだ。

空はピーカンに晴れているのに〝利用中止〟と言い放つのである。理由を訊くと、前日の雨の影響でグラウンドコンディションが悪く、第一試合を中止したので全ての試合を中止にしたという説明が返ってくる。第三試合の途中で夕立のような雨が降り、たとえその雨が上がっても第四試合以降のグラウンド使用が中止になることもある。理由はどれも同じようなものだった。

なるほど、第一試合を中止にしたから全ての試合を中止にするという理屈はわかる。考え方としては、非常にフェアかもしれない。

だが、ちょっと待ってくれ。

私たちはその日の試合を楽しみにしていた。たしかに前日は雨だったが、夕刻にはやみ、夜半には風も吹いてグラウンドはほぼ乾いていたはずだ。しかも、昨日とは打って変わった晴天で、いまはグラウンドのどこを見ても泥濘《ぬかるみ》ひとつない。むしろカチカチに乾いているではないか――、というようなことを訴えるのだが、管理人はもう決まったことだからの一点張りで耳を貸そうともしない。いったんコールされた判定はくつがえらないのだ。それがルールだと言われたら私たちも従うしかない。

だが、ちょっと待ってくれ。

第一試合から中止にしたのであれば、今日は誰もグラウンドには入っていないはずだ。ならば、何故ダイヤモンドがあんなにデコボコしているのだ。私たちがプレーできないことは我慢するが、明日以降グラウンドを使うひとたちのためにグラウンドを整備するのが管理人の仕事ではないのか――、というようなことも訴えてみるのだが、こんなときも返ってくる応えは決まっている。

「グラウンドは利用したチームが整備することになっています」

ばかを言うんじゃないよと怒鳴りたくなってしまう。何のための球場管理人なのだ。

グラウンドによってはピッチャープレートの前がえぐれて、足首まで埋まってしまうようなところもある。あんなものは下のほうに粘土質の土を敷き詰め、その上から乾いた土をかぶせて打ち固めればいいだけではないか。槌がなければシャベルを使ったっていい。私たちはグラウンドを使わせてもらう立場ではあるが、見方を変えれば客でもあるのだ。その客のために、少しでも使いやすいように整備しておいてやろうという気持ちが彼らにはないのだろうか。

おそらく、ないのだろう。もしかしたら草野球をやったことすらないのかもしれない。野球の楽しみがわかっていれば、私たちがその日の試合をどれほど心待ちにしているかもわかってくれると思うのだが。彼らが区や都の職員かどうかは知らないが、球場管理人というのはそういう人間ばっかりだ。

集治監でも昨年、同じ思いをした。私はその試合を欠場したので、現場にはいなかった。だから、これはチームメイトに聞いた後日譚だ。

何度も説明するが、集治監という草野球チームはジャーナリストの監督をはじめ、雑誌編集者、社会部所属の新聞記者を中心に結成されている。スポーツマスコミを中心としたグリーンヴィルと違うのは、メンバーは日頃から不祥事を隠そうとする悪党や政治家の悪事を暴き立てることを生業《なりわい》としていることだ。だから、実に駆け引きがうまい。

前日の雨は日が落ちたころ小雨に変わり、やがてやんだが、グラウンドコンディションは当日になってみないとわからない状況だった。チームは第一試合のグラウンドを確保していた。グラウンドに行ってみると、ところどころに泥濘ができている。これまでの経験からすれば、使用中止と言われても仕方がない状態だったという。

だが、集治監のメンバーは先手を打った。そのグラウンドはフェンス代わりのネットが張り巡らされているだけなので、鍵がないのだ。使用開始は九時からだったが、彼らは八時過ぎには集まり、ユニフォームに着替えるとグラウンドに入り込み、自分たちで整備をはじめたのである。

トンボでぬかるんだ土を掻き出してはベンチ内の乾いた土と入れ換える。地面の柔らかいところはその上でジャンプをし、地中の水分を浮き出させ、これもやはり乾いた土と入れ換える。大変な作業だが、メンバー総出でかかればものの三十分でグラウンドは使える状態になる。指揮を執ったのは軍曹だった。

メンバーが勝手にグラウンド整備をしていることに球場管理人が気づいたとき、作業はほぼ終わっていた。監督は、勝手に入り込んだことは詫びたが、しかしグラウンドは使えるようになったと申し出た。だが、管理人は使用中止を告げたらしい。

これに監督が激怒した。ふざけるな、グラウンドを見てみろ、もう充分に使えるじゃないかとか、そういう類のことを口走った。それでも管理人は首を縦に振ろうとしなかった。監督の怒りもエスカレートする。口調はもっと激しくなったに違いない。どういう言葉を吐いたかはここでは割愛する。シラを切りとおそうとする政治家や、これでもかこれでもかと不祥事が明るみに出る企業の経営陣に向けて放つような言葉だ。

その間、チームメイトは黙々と作業を続けていた。監督がわざと管理人に食いつき、時間を稼いでいることを知っていたからである。監督は帽子やグラブを地面に叩きつけて、なおもグラウンドを使わせろと食い下がる。言葉はさらに過激になる。誤解のないように言っておくが、ふだんの監督は、ときどき聞き返さなければならないくらいの小声で、囁くように話す紳士なのである。

「おい、こら。ひとの話を聞いてんのか、小僧。このグラウンドのどこが使えないってんだ、言ってみろ。本来ならお前がやるべき仕事じゃないのか、それを俺たちがやってたんだろう。違うか」

監督はついに威嚇に出る。このくらいのことは言っただろう。

いまにも摑みかからん勢いだ。そこへ、まさにここしかないというタイミングで軍曹が登場した。まぁまぁとふたりのあいだに割って入って、管理人の肩を抱くようにベンチ脇に連れ出した。何やら話すこと数分。それから管理人は監督のほうに向きなおって言ったそうだ。

「わかりました。グラウンドも使えるようにしていただいたことですし、今日だけは特別に使用を許可します」

態度が一変していたという。先刻までの、駄目です、許可できません一辺倒だった口調まで変わっていた。さて、軍曹は何を話したのか——?

軍曹は、諭すようにこう言ったらしい。

「ここだけの話だけど、あいつ（監督のこと）、癌なんだよ。それも余命半年って宣言されて、手の施しようがないんだ。お前、末期癌って知ってるか。癌細胞が内臓全部に行き渡ると、もう痛みも感じないんだってさ。わかるか、半年だぞ、あと半年。今日グラウンドが使えなきゃ、俺たちは来月まで待たなきゃならない、来月グラウンドが取れなかったら再来月だ。そんときあいつは立っていられないかもしれないし、下手すればもう死んでんだぞ。だから頼むよ。あいつがプレーできるのは今日が最後かもしれないじゃないか、やらせてやれよ。見ろよ、あの土色の顔。あれが末期癌の顔だからな」

これで管理人はころりと騙された。

注釈を加えるまでもないとは思うが、軍曹が言ったことは全て作り話だ。監督が激怒し、タイミングよく軍曹が宥めに入る――、年齢が近いこともあって、ふたりはウマがあって息があうのだ（ときどき、私の年代でもわからないジョークを言いあってはふたりで盛り上がるのにはついていけないが）。グラウンドを使うためとあらば嘘も厭わず、見事なコンビネーションを発揮する正真正銘の〝ちょい不良《ワル》オヤジ〟たちなのである。

球場管理人というのは我々草野球人の心を知らない役人的な人材が多いのだが、ときには情に流される人間的な心を持ったひともいることを書き加えておこう。それと、余命半年と宣告されたはずの監督が、今年もそのグラウンドで元気にプレーしていることも。

聞くところによると、最近は管理を〝民間〟に委託するグラウンドが増えているらしい。そのため、前日の雨の影響で午前中は使用中止にしても、地面の乾き具合を見て午後からは許可するケースもぼちぼち増えているとのことだ。可能な範囲でグラウンドを貸し出せば、それだけ使用料も入ってくるからである。そうすれば、改修費などの費用も負担が軽くなる。これが役人との考え方の違いだ。小泉純一郎という前の総理は、高い支持率を楯に好き勝手やりたい放題で、とんでもなく怖ろしい法案を次々と可決したが、彼がよく口にした〝民間でできることは民間に〟の言葉だけはまんざら嘘ではないようだ。

近鉄が消滅した日の草野球

かつて、パ・リーグに大阪近鉄バファローズというチームがあった。現在のオリックスバファローズである。表向きは合併というかたちをとったが、実際はオリックスによる吸収であり、大阪近鉄バファローズは事実上消滅した。二〇〇四年のことだ。

その年、私は近鉄消滅までの三ヶ月余りを密着取材していた。プロ野球史上初のストライキがあり、選手とファンが一体になった球団存続署名活動があり、1リーグ化構想に揺れた年だった。他方では、ホリエモンと渾名された堀江貴文（当時ライブドア社長）が球団買収に名乗りをあげ、一躍〝時の人〟になった年でもある。あの騒動のなか、プロ野球はファンのためでなく、球団経営者の理屈で運営されていることを思い知らされた年でもあった。

東北楽天ゴールデンイーグルスの誕生で2リーグ制こそ維持されたものの、その楽天に入団した一場靖弘をめぐる栄養費問題が発覚し、巨人、横浜、阪神のオーナーが辞任。さらに西武ライオンズオーナー・堤義明とライブドア社長・堀江貴文がともに証券取引法違反の容疑で逮捕されるなど、騒動の渦中にいた経営者がことごとくダーティーな側面を世にさらす結果となった。また、一場問題の教訓から、不正なスカウト活動はしないと宣言したにもかかわらず、その舌の根の乾かぬうちに裏金問題が発覚した。

私は教えてほしいのだ。近鉄の消滅と1リーグ化構想に揺れたあの騒動と経験から、日本のプロ野球はいったい何を学んだのか――？

二〇〇四年九月二十四日、近鉄バファローズが消滅したあの日、西武ライオンズとの最終戦を終えた大阪ドーム（現京セラドーム大阪）で何が起きたか、多くのひとは知らないだろう。その試合、近鉄バファローズは劇的なサヨナラ勝ちで五十五年にわたる球団の歴史に幕を閉じた。例年ならシーズン終了をファンに報告するセレモニーは、近鉄バファローズとの永別を伝えるセレモニーに代わった。

ナインの誰もが抱きあって泣いた。OBはもとより、監督、コーチ、球団関係者も泣いた。ファンも泣いた。サロンにひかえていた選手の家族も泣いていた。そこには、その場にいた私ですら思わず目頭が熱くなってしまうほどの光景が広がっていた。

セレモニーが終わっても、バファローズのファンは誰ひとりとして帰ろうとしなかった。時刻が十一時をまわり、球場係員が退場を促しても帰ろうとしなかった。それどころか、グラウンドではまだ試合が続いているかのように、残ったファンは選手一人ひとりの応援歌を熱唱していた。西武ライオンズのナインですら、すでに球場をあとにしていた。

ホームでの最終戦を終えた時点で、近鉄バファローズは消滅したに等しかった。遡ることひと月半前の八月十日、近鉄とオリックス両球団首脳は合併に向けた基本合意書にサインしていた。バファローズの消滅は、もはや覆すことのできない決定事項でもあった。それでもファンは納得しなかった。選手の応援歌を熱唱しながら、彼らは、まだチームの存続を願っていたのである。

私は誰もいない近鉄ベンチに座り、ファンが歌う応援歌に耳を傾けていた。応援は、一時間以上続いても鳴りやまなかった。それは、大阪近鉄バファローズを心から愛するひとたちの心の叫びだった。実に感動的だった。

だが、感動的だったのはそこまでだった。

ときおり、家族を連れた選手がサロンからベンチに出てきていた。生まれてまだ間もないとか、幼稚園に行くか行かないかの小さな子供がいる若手選手ばかりだった。プロテクト（合併チームに残留できる選手）の当落線上にいる選手たちと言ってもいい。ベンチで家族と記念撮影をしていたのは、そういう理由もあったのだろう。入れ違いに三人の選手から頼まれて、私はカメラのシャッターを押した。

外野スタンドの応援はまだ続いていた。だが、彼らはファンの前に行くことをしなかった。ベンチで記念撮影を済ませると、家族を連れてすぐにサロンに戻って行くのだ。たとえ若手でも、もう一度手を振ってやるだけでファンは歓喜したに違いないのに。そのなかのひとりが、ライト側スタンドで声を張り上げるファンを見て呟いた。

「あ、まだおるんや」

まるで他人事のようだった。

私は途端に悲しくなり、この三ヶ月あまりの騒動が何だったのかを問い直した。そして、私なりの答えを見つけることにした。大阪近鉄バファローズは、しょせん消滅するチームだったのだ。係員の説得に応じようともせずライトスタンドに残り、選手のために応援を続けるファンの気持ちがわからないチームなのだから。

ナインが行なった球団存続の署名活動も、結局はマスコミ受けを狙ったデモンストレーションに過ぎなかったのだろう。それからというもの、私はプロ野球選手が口にする〝ファンの皆さんの応援のおかげです〟という常套句には懐疑的になっている。

時刻は十一時半をまわり、ライトスタンドに固まっていたファンが少しずつ動きはじめた。説得するたびに三十分、また三十分と応援席に留まることを許してきた係員が、これ以上の応援を認めなかったらしかった。それでも居残ろうとするファンはいたが、係員に促されて彼らも応援席をあとにした。

最後のファンの叫び声が、ドーム内に響き渡った。だが、その声は近鉄ナインには届いていなかっただろう。

「ありがとな、バファローズ」

やがて、日付が変わろうかというころ、ドーム内の照明が落ちた。

私は、祭のあとのような虚しさを描くつもりで、最後までドームに残っていた。

ライトスタンドの応援席も無人になり、サロンにももう選手はほとんど残っていなかった。記者席にも誰もいない。グラウンドのほうから声がしたのは、そろそろ引き上げようとしたときだった。

「うわぁ、でけえ」

「すっごいねえ」

慌ててグラウンドに駆けつけて、私は目を疑った。

遠足か花見にでも行くような一団が、ぞろぞろとグラウンドに入ってくるのである。ユニフォーム姿の男性が数人。あとはジャージだったり、短パン姿のひともいる。小さな子供の手を引いてくる若い母親もいた。深夜だっていうのに。

これから草野球をするのだという。大阪ドームは、深夜枠で球場を貸し出していた。彼らがどういう一行かはわからない。商店街の青年団の集まりのようでもあるし、社内のレクリエーションで野球大会を開催したのかもしれない。だが、そんなことはどうでもよかった。

ほんの二、三時間前まで、そこでは近鉄ナインが最後の試合を演じ、セレモニーではドーム全体が惜別の涙に包まれていた。なかなか帰ろうとしなかったファンがライトスタンドの応援席から姿を消してからも、三十分と経っていなかった。その同じグラウンドで、これから草野球がはじまるのである。

私は、こっそりと彼らの試合を観戦した。彼らは途轍もなく下手くそで、スローピッチのソフトボールよりひどい内容だった。二回を終わった時点で両チームともに二桁得点を奪いあうような試合だ。こんなにいいスタジアムでやらなくてもと思うようなプレーの連続だが、彼らはとても楽しそうだった。

半世紀以上続いた名門チームが消滅しても、そのわずか数時間後には同じグラウンドで草野球が行なわれていた。まさに〝草〟野球だ。こんなことは草野球でなければできない。祭は終わっていなかったのである。

私は三回表の途中で席を立った。ふたりが生還し、塁上にはさらにふたりのランナーが残って、まだワンアウトも取れていなかった。あまりにも下手すぎて、とても最後までつきあいきれそうになかった。

見ちゃいらんねえなあと思いながらも、私の気持ちはひどく弾んでいた。

自分の引退試合に遅刻した男

グリーンヴィルの監督から不意の電話があったのは、二〇〇四年冬のことだった。チームを後進に譲り、引退を決めたと言う。設立から十年が経ち、やるべきことはやったとも言った。ついては、引退試合をするので私にも来てほしいとのことだった。

実のところ、私はそのころグリーンヴィルの試合から遠ざかっていた。仕事が忙しくなっていたのと、かけ持っていた未経験者ばかりのチームのコーチングで精一杯だったからだ。例のベンチが和気あいあいとしたチームである。

そのチームはシーズンが終了したら抜けるつもりでいたが、そうしたらもう草野球はやらないだろうと思っていた。ちょうど四十歳になり、やめるにはいい頃合のようにも感じていたのだ。そんなときに監督から引退を告げられた。いきなりの打ち明け話に驚かされはしたが、慰留もしなかった。むしろ、喜んで引退試合に参加させてもらうと私は応えた。

試合は、連絡をもらった翌週の十二月初旬に行なわれた。

グリーンヴィルとしても、その年の最終戦になる。私はほぼ三年半ぶりに袖を通すユニフォームだった。十着近くつくってきたなかで、いちばん思い入れがあるユニフォームだ。背番号10。私のラッキーナンバーだ。途中で入団したチームを除けば、私の背番号は全て10番で揃っている。グリーンヴィルをつくるとき、他のメンバーがこの番号を希望していたが、私は10番でなければやらないと駄々をこね、無理やり空けてもらった番号でもある。

試合前夜、私は上下ストライプのユニフォームを着て鏡の前に立った。見納めだと思った。監督の引退試合を、私は密かに私自身の引退試合にしようと決めていた。だから慰留もしなかったのだ。

グラウンドは上野恩賜公園野球場だった。外野フェンスまでは極端に狭いが、上野は正岡子規が野球に興じたゆかりの地でもある。野球ばかの引退試合にはもってこいの場所だ。対戦相手も、チームを発足して最初に戦った十年来のお馴染みさんである。これも粋な計らいだった。

午前九時の試合開始にあわせて、私たちは八時半過ぎに球場に集まった。メンバーを数えると、私を入れて九人ぎりぎり。この時期、プロ野球はドラフト会議を終え、獲得選手の入団会見やトレード、契約交渉、ＦＡ移籍があったりなかったりでスポーツ紙の記者は多忙を極める。ストーブリーグとは言いながら、シーズン以上に記者は忙しいのである。監督の引退試合に九人しか揃わないというのもグリーンヴィルらしかった。

だが、時間になっても、肝心の監督がまだグラウンドに現れない。先刻から自宅にも携帯にも電話を入れているが、応答がないのだという。

「こんな日にかぎって遅刻ってことはないよな」

「まさか、ふだんから三十分前集合を口を酸っぱくして言ってるひとですよ。いまこっちに向かっているところじゃないですか」

たしかにそうだ。監督は、出張先にもダンベルとボディブレードを持参し、ホテルでも筋トレを欠かさないような野球ばかだった。だから、出張のときはいつも海外旅行にでも行くようなどでかいスーツケースを引きずっている。数は揃っているから無理して来ることはないと言っても聞かず、帰京したその足で羽田空港からタクシーを飛ばして試合に駆けつけるほどの野球ばかでもある。そんな監督が引退試合に遅刻するなど起こりうるはずがなかった。

ところが、それが実際に起きたのである。

監督と電話が通じたのは、試合がはじまって三十分が過ぎようかという時刻だった。その電話で、監督は起きたというのである。何してんですか、すぐ来てください、と監督の後輩でもあり、チームの正捕手に成長した〝さん付け〟クンが珍しく送話口で声を荒げたほどだった。それから慌てて駆けつけたが、監督が到着したのはグラウンド使用時間も残り二十分を切った十時四十分過ぎだった。

ナインは誰もが呆れていた。相手チームも呆れていた。あらかじめ監督の慰労会は納会でやることが決まっていて、その試合はいつもどおりの打ち上げをする予定でいたが、私たちはみなシラけていた。

「すまん、今日の費用は俺が持つ。好きなだけ飲んで、好きなだけ食ってくれ」

当たり前だ。試合にも敗れた私たちはこれ見よがしの自棄《やけ》食いに走ったが、訊けば、監督にも同情の余地が残されていないわけでもなかった。〆切だったのだという。それで徹夜をしたらしい。これから家を出れば試合に間に合うという時間ぎりぎりに原稿を書き終え、安心した途端すとんと眠りに落ち、気がついたとき耳元で携帯電話が鳴っていたとのことだった。だから早く結婚しろと言っていたのに。

「そういうことだからさ、頼む。許してくれ」

「事情はわかりましたけど、どうするんですか、引退試合。自分で引退するって言っといて遅刻するなんて聞いたことないけど。今季はもうグラウンドを取れないですよ」

「じゃあさ、こうしよう。来季の開幕戦を引退試合にする。迷惑かけないように自主トレもやるから、それで勘弁してくれ」

「そいつはお断りですね。そんなことで許されるんだったら、第二回、第三回の引退試合もできるじゃないですか。それに、開幕のためだけに自主トレするなんて勿体ないし」

私たちは監督の吊るしあげをやめない。ふだん監督を〝いじる〟ことなんかできないからだろう。これが何故か、けっこう楽しい。

「どうすれば許してくれるんだよ」

「来季もやってもらいましょう。引退試合は来季の最終戦ってことで」

「それは困るよ、もう引退するって決めたんだし」

「その引退試合に寝過ごしたのは誰ですか。引退するって聞いたから、俺だって駆けつけたんですよ」

私は、自分も引退するつもりでいたことなどおくびにも出さずに、監督続行を口にしていた。メンバーがぎりぎりだったので試合には出たが、イニングが進むに連れ、私はだんだん辞めたくなくなってきていたのだ。それどころか、来年もこのユニフォームを着たいとすら思っていた。

「引退なんていつでもできるじゃないですか。だからもう一年、一緒にやりましょうよ」

口をついて出た言葉に、私自身が驚いていた。まさかこんなことを口走るとは思ってもいなかった。だが、監督に向けた言葉は、おそらくは自分に言い聞かせたかったのだ。私は、もう一年だけでいいから野球をやりたいと心から思っていた。

その翌年、集治監が結成された。集治監が最初に対戦したチームがグリーンヴィルだった。私はグリーンヴィルで出場し、新設チームに野球の厳しさを教えるダメ押しの2点タイムリーを放った。ファーストを守ったが、内野手のショートバウンドをしっかり逸らし、チーム初得点をプレゼントしてやる優しさも忘れてはいない。

さらにその翌年、集治監では監督の還暦を祝う記念試合が行なわれた。チームカラーはネイビーブルーだが、デザインはそのままで背番号60を縫った赤いユニフォームを特注し、監督に贈った。ちゃんちゃんこ代わりである。対戦チームも、やはり特注で還暦祝いの文字を彫った赤バットをプレゼントしてくれた。杖の代わりだろう。ネイビーブルーのユニフォームに混じり、監督はひとり赤いユニフォームでマウンドに立ち、打席では赤バットを握った。

試合後の打ち上げは、両チームをまじえたバースデーパーティーになった。

その席で、プレゼント代わりの寄せ書きが私のところにまわってきた。ボールを象《かたど》った丸い色紙である。

結婚式の披露宴でよくあるパターンだが、私は、以前からこの寄せ書きというやつが大の苦手だった。まがりなりにもモノ書きをしている立場からすれば陳腐なことは書けない。ウケを狙って面白おかしく書いたり、過去を暴露すれば顰蹙《ひんしゅく》を買う。誤字でもあろうものならメンツは丸潰れだ。かといって、故事からの引用や気の利いた言葉を選べば気障《きざ》と言われる始末だ。だから苦手だった。

私はあとで書くと言って次にまわし、そのままとぼけるつもりでいたが、色紙がテーブルをひとまわりすると、幹事はしっかりペンを携えて私の席に戻ってきた。

よほど〝くたばれ集治監〟と書いてやろうかと思った。だが、絶対にジョークでは済まされない。〝Long Live Sandlot Baseball!（草野球バンザイ！）〟も考えたが、このネタはしょっちゅう使っていた。さんざん迷った末に、私はグリーンヴィルの監督に言った言葉を思い出し、それを色紙に書いた。

草野球に引退なし――。

あの試合、監督の寝坊がなければ私は草野球をやめていたかもしれない。集治監が結成されても参加していたかどうか。グリーンヴィルの監督には、引退なんかいつでもできると言った。そうなのだ。引退はいつでもできる。やめることなど簡単だ。

集治監の監督は、末期癌で余命半年と宣告されたはずなのに（一八四ページ参照）、今年もマウンドに立っている。グリーンヴィルの監督も引退は撤回した。やはりやめられないらしい。やめられるわけがないのだ。

引退試合の前夜、見納めだと思いながら鏡の前に立ったとき、胸に込みあげてくるものがあった。それは、私のなかで大切にしていた何かがなくなってしまうような切なさだった。大好きな野球をやめるのは、耐え難いほど切ないことに違いないのだ。

やめられるわけがない。だから私は、私以上に野球ばかなふたりの監督の下で今年もプレーしている。正直なところ、還暦までプレーする自信はない。だが、このふたりが、やめた、と言うまで私もユニフォームは脱がないことに決めている。できるならば、彼らより長くユニフォームを着ていたいとさえ思うようにもなった。

野球は見るものではなく、やるものだ。

プレーボールの声がかかり、ピッチャーが第一球を投じる。そのボールが、スパンと音をたててミットにおさまる。コースはきわどい。私はボールを受けた場所でミットを静止させる。ストライクを取ってくれよという無言のアピールだ。初球がストライクなら、ピッチャーものってくる。

やや間をおいて審判の右手が挙がり、ストライクがコールされる。

あぁ、今日も試合がはじまったと思う。空は晴れている。いいゲームになりそうだ。

あの感覚が、私にはたまらないのだ。

ゲームセット

郷里は新潟県になる。

米どころで知られているが、かつては〝早起き野球〟が日本でいちばん盛んな県とも言われていた。私が育った山間の町は、いまでこそ平成の大合併で長岡市と呼ばれているものの、合併前は人口七〇〇〇人を割り込むような過疎の集落だった。

それでも私が中学生の時分には人口が三万人近くもいた時期があり、四方を山々に囲まれた小さな農村にも草野球チームは四十チーム以上もあった。町内会や商店組合のチームがあったり、青年団とか消防団、中学高校の同窓チームと、若い衆はもちろん、町の働き盛りはみな草野球に興じていたのではないかと思えるほど草野球が盛んだった。

その四十チームが、一チームあたり二回戦ずつのリーグ戦を戦い、年間順位を争っていた。私が出た中学校には、野球部専用グラウンドと四〇〇メートルトラックを備えた陸上グラウンドとがそれぞれ独立していて、そのふたつのグラウンドを使い、毎朝二試合ずつカードが組まれていた。

リーグ戦は、田植えが終わったころに開幕し、稲刈りがはじまる直前に全日程を終えていた。試合は平日の早朝のみで、土日は休みと決まっていたが、中学生だった私はしょっちゅう助っ人に駆り出された。野球部員だったからでもあるが、実家が中学校まで走って十分とかからない距離にあったからだ。

朝五時半には集合し、肩慣らしも早々に試合に臨む。

七時半前後に試合を終えると、農家や個人商店を営むひとたちは比較的ゆっくり家路につくが、会社務めのお兄さんやおじさんたちは急いで仕事に出かけていた。私も急いで帰宅し、シャワーで汗を流してから朝食を掻っ込み、学生服に着替えて登校するといったことを毎週のように繰り返した。

スコアなんてつけないから、タイトルはホームラン王と最多勝、それと優勝したチームから選ばれるMVPがあるだけ。審判も攻撃するチームから出すという大雑把なものだったが、おじさんたちに混じってやる野球はことのほか楽しく、私は朝練のつもりで早起き野球に馳せ参じた。

夏の朝、山間の町にはまだ乳糖色の朝靄がかかっている。そのなかを、バットを担いでグラウンドに向かう光景が私の心象風景になっている。私の野球好きは、おそらく、郷里の早起き野球が原点だ。

今年、私はライターという仕事をはじめてちょうど二十年目の節目を迎えた。

生来の飽き性で、好きな女の子はころころ変わるし、もともとは絵描きになりたくて美大を志したが受験に失敗。それで商社マンを目指して英語を猛勉強し、公費留学をさせてもらったりもしたが、結局は絵を描く代わりに文章を書く仕事を選んだ。

駆け出し記者のころ、あいつは根性がないから半年もたずに辞めていくぞ、と先輩方は囁いていたらしい。私自身、よく二十年もこんな仕事を続けられたものだと驚いている。若いころには金がない時期があり、それで多くの仲間が転職していったように、私も次の仕事先を考えなければならないような状況が何度も訪れた。

そのたびに、辞めるなと私を励ましてくれたのが、集治監の監督だった。最後なので、実名で書かせていただこう。

集治監の監督は、中里憲保さんという。私が野球を覚える以前から週刊誌の記者をしていて、飛ばしたスクープは数知れず。彼が事件の真相を追うと、決まって政治家や官僚の手が後ろにまわるか辞職に追い込まれるので、業界では〝人斬りケンポ〟の渾名がついた。週刊誌の記者をしていて彼を知らない人間はモグリと言われるほどの人物だ。

駆け出しのころから面倒をみてもらっている大先輩だが、私は彼に何度も怒鳴られ、叱られている。張り込み途中で居眠りをしては怒られ、坊主（取材現場でネタひとつ拾えないこと）で帰れば、もっと粘れと活を入れられた。曰く、考えが甘い、仕事を舐めている、ライターの何たるかがわかっていない等々。

だが、その何十倍も私は励まされ続けてもきた。辞めるなよ、辞めたら負けだぞ。金がなかったら俺のところに来い、お前ひとりくらい俺が面倒みてやる等々。監督の一言を思い出すだけでも、私には熱いものが込み上げてくる。

私が二十年もライターの仕事を続けられたのも、ことあるごとに監督に支えられてきたからなのだ。私は、仕事上の大先輩でもあり、生涯頭のあがらない恩師と二十年もバッテリーを組んできた。私のライター生活は、監督の球を受け続けた年月でもある。だから、これからも監督の球を受け続ける。ふたりあわせて一〇五歳のバッテリーは、まだまだ健在だ。

もうひとり、グリーンヴィルの監督は木村公一さんという。

やはり私が駆け出しのころからの先輩で、プロ野球を専門に取材するスポーツ新聞の記者にも一目置かれる存在だ。非常に几帳面な方で、思わず〝くどい〟と言ってしまうことも多々あるのだが、野球の醍醐味を誰よりもわかっているひとだと私は信じて疑わない。だから、頭のなかでは〝くどいなぁ〟と思いつつも、ついつい彼の話に引き込まれ、しまいには野球の奥の深さを知ることになる。

私は、このふたりの監督のもとで草野球を楽しんでいる。

草野球を楽しむコツを教えてくれたのは、他ならぬふたりの監督だ。この場を借りて感謝とお詫びの言葉を。いつも悪態をついてごめんなさい。監督が決めたオーダーを勝手に変えて発表するような出すぎた真似も今後は極力ひかえます。

＊＊＊

本書は、新潮新書編集長・三重博一さんのご理解と、担当編集者・横手大輔くんのご尽力があって完成した。このふたりもかなりの野球ばかだ。

新潮社の本館地下のエレベーターホールには全身が映る大きな鏡があって、三重さんは周囲に誰もいないことを確認すると、鏡の前で密かにバッティングフォームをチェックしているらしい。

横手くんはミリオンセラーの『国家の品格』を手がけた新潮新書編集部の若きエースだ。草野球でもエース。横手くんなのにオーバースローで投げるが。仕事のできるエースは、打ち合わせに三十分と時間をかけない。話が早くて簡潔。鋭いところを衝いてくるあたり彼のピッチングを彷彿させるが、打ち合わせ後の野球談義に一時間半も花を咲かせて時間を無駄にするので、案外と火だるまになりやすいピッチャーかもしれない。

私は野球ばかに囲まれている。

ふたりの監督がいなければ、私はもうとっくに草野球から足を洗っていたかもしれないし、ライターという仕事そのものを辞めていたかもしれない。

そして、野球好きな編集長と野球好きな編集者がいなければ、本書が世に出ることもなかっただろう。本編でおふたりにご登場願ったのは、私なりの感謝のしるしです。

愛すべきチームと愛すべきチームメイトにも感謝。

最後までおつきあいいただいた皆さんにも。ありがとうございました。

次はグラウンドでお会いしましょう。

二〇〇七年九月　　　　降籏 学

降旗 学　1964（昭和39）年新潟県生まれ。神奈川大学法学部卒。英国アストン大学留学。96年、第3回小学館ノンフィクション大賞優秀賞を受賞。主な著書に『残酷な楽園』『敵手』、剣崎学のペンネームで『都銀暗黒回廊』など。

Ⓢ新潮新書

235

草野球《くさやきゅう》をとことん楽《たの》しむ

著 者　降旗《ふりはた》 学《まなぶ》

2007年10月20日　発行

発行者　佐 藤 隆 信
発行所　株式会社新潮社
〒162-8711　東京都新宿区矢来町71番地
編集部（03）3266-5430　読者係（03）3266-5111
http://www.shinchosha.co.jp

印刷所　株式会社光邦
製本所　憲専堂製本株式会社

ISBN978-4-10-610235-6 C0275

価格はカバーに表示してあります。